营销达人带你走进分享经济

人人都能做好社交电商

刘韬 阳阳 ◎ 编著

编委 ◎ 梁振娣 李莎 宋芒

华南理工大学出版社
SOUTH CHINA UNIVERSITY OF TECHNOLOGY PRESS
·广州·

图书在版编目（CIP）数据

人人都能做好社交电商/刘韬，阳阳编著. —广州：华南理工大学出版社，2020.3

ISBN 978-7-5623-6170-1

Ⅰ.①人… Ⅱ.①刘… ②阳… Ⅲ.①电子商务-运营管理 Ⅳ.①F713.365.1

中国版本图书馆CIP数据核字（2019）第290939号

Renren Douneng Zuohao Shejiao Dianshang
人人都能做好社交电商
刘 韬 阳 阳 编著

出 版 人：卢家明
出版发行：华南理工大学出版社
　　　　　（广州五山华南理工大学17号楼，邮编510640）
　　　　　http://www.scutpress.com.cn　E-mail: scutc13@scut.edu.cn
　　　　　营销部电话：020-87113487　87111048（传真）
责任编辑：林起提
印 刷 者：广州市新怡印务有限公司
开　　本：787mm×1092mm　1/16　印张：14.25　字数：140千
版　　次：2020年3月第1版　2020年3月第1次印刷
定　　价：48.00元

版权所有　盗版必究　印装差错　负责调换

序 言
Preface

互联网的发展与普及，为社会经济形态的演变提供了前所未有的巨大推动力，消费者在商业活动中所扮演的角色也在不断地变换、丰富。商业模式的重心也从"以产品为中心"逐渐转向"以人为中心"。

在这个演变的过程中，社交电商凭借着运营效率高、交互性强、推广时效高、平台功能齐全等优势成为时代的新宠。

与传统线下行业或传统电商行业相比，社交电商的精髓在于人与人之间的信息传递。正所谓哪里有社交，哪里就会有交易；社交电商不需要自上而下的蔓延，只要有社交媒介就能实现信息的传播。社交电商也运用大数据技术来完成对用户的管理，大大节省了时间、人力及推广方面的成本。

在社交生态圈中，核心是人与人之间的信任，只有信任才会产生交易，也只有好的商品和服务才能维持信任。而社交电商的购物圈，恰恰是沿着社交工具中熟人之间的关系链拓展的，因而可以实现商品信息的即时推广。更重要的是，它能够把影响用户的周期从几秒延长到几天甚至数个月，并且往往还有多次影响和持续销售的机会。在这个过程中社交电商可以与用户进行更多良好的互动，从而提升转化率，实现用户"裂变式"的扩张，为其带来更多的流量。这也体现了社交电商与其他商业模式相比，在互动方面更具优越性。

另外，社交电商平台集社交、支付、销售等功能于一身，较其他形式的商业平台功能更为齐全。节约了获客成本，还能够显著提升用户的购物体验，增加消费的乐趣。这就是社交电商为什么能够快速成为时代新宠的原因所在。

作者作为在社交电商行业摸爬滚打数载的实践者，将自身在过去的创业实践活动中总结出来的一些经验，以及通过行业观察和对一些创业案例进行深层次的分析、思考后总结出来的一些落地性的内容整理成本书。

也许有些读者，本身就是社交电商行业的参与者，或者是即将投身社交电商行业的潜在参与者。他们或许在这个行业里走了很长的时间，遇到了一些瓶颈；又或者对于社交电商项目的运营，心中总有一些疑团无法解开。本书能够帮助这类读者快速找到突破口。作者精心收集了关于社交电商运营的大量干货，每一种方法、每一个技巧都是经过实践验证的落地性知识。这些实用性的内容，能够帮助正在从事社交电商事业的读者拓宽思路，使其在社交电商这份事业上更加游刃有余；也能帮助创业"小白"快速上手，使其从"小白"蜕变为营销精英。

不可否认，社交电商的潜力和延伸性都是无限的，其未来的格局和体量也可能会远超想象。作为社交电商的参与者或潜在参与者，只有尽早了解这个行业并摸透它背后的逻辑思维，才能更好地把握住未来市场发展的脉络，才能拥抱未来的财富。

编者

2019.10

目 录
CONTENTS

Chapter 1
互联网的新时代，百花齐放 /001

1.1 改变，从"互联网+"开始 /002

1.1.1 认识"互联网+"，认识这个时代 /003

1.1.2 中国的互联网产业为何发展得这么旺盛？ /005

1.1.3 "互联网+"的发展与深化改变了什么？ /008

1.2 互联网海纳百川，分享经济成新风口 /013

1.2.1 分享经济，消费即创业 /014

1.2.2 颠覆传统的分享经济模式，"异"在哪里？ /016

1.2.3 分享经济风口下的五大"小趋势"，看懂了等于看清了未来 /023

1.2.4 看懂趋势很重要，落地执行更重要 /031

Chapter 2
如何选择社交电商创业项目？ /037

2.1 那些"翻船"的互联网创业项目，都经历了什么？ /038

2.1.1 年轻的"某某百货"：创业该遇的坑都遇上了，但依然没能活下来 /038

2.1.2 游走红线上的"某某购"：常在河边走，哪有不湿鞋！ /040

2.1.3 带血奔跑的"某某拉拉网":干过了"千团大战",却败给了自己的理念 /043

2.2 选择社交电商创业项目不可忽略的几大问题 /46

2.2.1 社交电商项目的商业模式是否具有竞争力 /046

2.2.2 社交电商项目的产品链是否完善 /049

2.2.3 社交电商项目的管理体系是否完善 /051

Chapter 3
从"小白"到创业达人必须掌握的营销技巧 /053

3.1 社交电商创业必备 /054

3.1.1 心态:心态决定成败 /055

3.1.2 准备:为创业有备而来 /052

3.2 如何打造一个让人念念不忘的朋友圈 /066

3.2.1 转发别人的朋友圈是错误的做法 /067

3.2.2 有用:客户想看什么,我们就发什么 /070

3.2.3 有趣:打造一个让客户记住你的朋友圈 /075

3.2.4 有内涵:朋友圈内容直击用户的灵魂深处 /080

3.3 高效引流知道多少 /083

3.3.1 懂得科学制定引流目标非常关键 /084

3.3.2 活用引流万能公式 /087

3.3.3 抓住一两个最适合自己的方法死磕到底 /098

3.4 营销中必须懂得的沟通艺术 /127

3.4.1 懂沟通,先懂人性 /128

3.4.2 所谓高情商,就是让对方心里舒服 /132

3.4.3 沟通应用之"成交四部曲" /133

3.5 如何用服务为事业赋能,挖掘售后的巨大价值 /159

3.5.1 第一单交易的售后服务乃重中之重 /160

3.5.2 区分消费者与创业者,针对性进行服务优化 /166

3.5.3 做好客户的后期维护跟进 /167

3.6 社交电商创业中的十大错误想法 /171

Chapter 4
《电商法》来了，也不要慌！ /181

4.1 《电商法》实施，有人欢喜有人愁 /182

4.2 亮真相！关于《电商法》十个涨姿势的解读 /185

Chapter 5
竞争加剧，社交电商如何破局？ /201

5.1 众享亿家：所谓奇迹，都是"信念+教训"造就的 /202

5.1.1 通往创业成功唯一的捷径，是"脚踏实地+坚持利他" /203

5.1.2 小不舍必酿大失，"懂得取舍"是企业活下来的"锦囊" /205

5.1.3 生意做到一定阶段，一定要懂得回馈 /218

5.2 拼多多：从两大巨头中拼出一条血路，它的成功绝非偶然 /210

5.2.1 从别人没有的地方开始突破 /211

5.2.2 路从大到小走不通，那就反过来走一遍 /213

Chapter 1 互联网的新时代,百花齐放

互联网新时代的商业形态,早已不是单纯的线上与线下的模式对阵;商业圈内的竞争也不再是单纯的实体店与网络电商的博弈。一枝独秀的时代已经过去,百花齐放的时代已经到来。

这是一个多元化的时代,多种商业形态百花齐放!

这是一个创新迭代的时代,只有不断升级创新才能持续发展!

这是一个跨界融合的时代,一切看似不可能融合的行业都能打成一片;

这更是一个分享化的时代,人人都可以是消费者,也可以是消费商。每个人都可通过自主创业来主宰自己的命运!

在这个时代,只有摸清时代的发展趋势,顺势而为才是把握时代脉搏的关键!

1.1 我们的改变，从"互联网+"开始

每年的"双十一"，你手握几寸大的手机、顶着大黑眼圈蹲守到半夜只为在淘宝或京东商城秒杀一款看中了很久的商品时，估计你猜不到这些电商平台的销售额在短短十几个小时内会因为无数个这样的"你"突破了千亿元。这些年互联网商业发展的成果是惊人的，单看历年"双十一"这个电商大日子的销售数据，就足以让人目瞪口呆。例如2018年"双十一"当天，电商巨头淘宝的平台成交额已经突破了两千亿大关，达到了2135亿元之高；与之齐肩的京东商城同样战绩不菲，交出了销售额1598亿元的成绩单。除了两大电商巨头，其他大大小小的平台如苏宁、拼多多等也取得了不错的成绩。这些吸睛的数据，无不展示着互联网发展带给这个时代的巨大改变与影响。

在20多年前，那个买件衣服都要逛遍每个档铺去挑选试穿的年代，人们很难想象会有这么一天，只要一部手机就能看遍天下的好物，只要动动手指头就能将自己想要的物品收入囊中。互联网的发展让这一切成为可能！如今，人们不仅动动手指就能买到好东西，还能通过巴掌大的手机掌握全天下的资讯，甚至轻松实现创业梦。这一切都是互联网带给我们的福利！但是身处这个时代的你，对互联网的了解有几分呢？

1.1.1 认识"互联网+",认识这个时代

提到"互联网+",可能有人会一脸嫌弃地反驳我——"这么老的一个概念还拿出来谈,老古董了!"

相对于信息技术的日新月异,"互联网+"这个概念的确有点"老"。但"老"并不等同于过时!就像我们见过的许多有着深厚文化沉淀的民族服饰一样,即使有些年代了,但无论什么时候拿出来,都可以将它的某个元素提取出来,成为新潮服饰的创意主线。"互联网+"就是类似这样的一个神奇的存在。"互联网+"的概念很泛,因其具有高度跨界融合与创新的特征,不同的领域对它的理解也略有偏差。

"互联网+"这个概念的诞生绝非空穴来风。要细谈它的"身世",还要追溯到2015年的全国人大会议上,李克强总理在政府工作报告中首次提出了"互联网+"行动计划。于是"互联网+"的定义就有了一个官方的版本,它代表着一种新的经济形态,意味着将互联网的创新成果深度融合于经济社会各个领域之中,并通过融合来实现实体经济创新力和生产力的提升,最终形成更广泛的、以互联网为基础设施和实现工具的经济发展新形态。

相对于官方版本的宏观,"互联网+"其他版本更显行业延伸性。比如腾讯眼中的"互联网+",是以互联网平台作为

基础，利用信息通信技术实现各行业的跨界融合，从而推动产业转型升级，并不断创造出新产品、新业务与新模式，构建连接一切的新生态。而另一个互联网巨头阿里认为的"互联网+"，是以互联网为主的一整套信息技术（包括移动互联网、云计算、大数据技术等）在经济、社会、生活各部门的扩散应用过程。虽然各方对"互联网+"的理解很多，但万变不离其宗，大致都是将互联网创新技术与传统行业相融合，从而带来新的产业增长点。

换一种通俗的讲法，"互联网+"实质就是"互联网+各个传统行业"。但这个"+"绝非简单的两者相加，而是将线下的商机与互联网相结合，将传统产业与互联网相结合，利用信息通信技术让互联网与传统行业进行深度融合，不断推陈出新，最终构建起新的发展生态。

你千万不要以为"互联网+"这么高大上的词语，它只与国家和大企业相关，离普通老百姓很遥远。其实不然！"互联网+"与我们每个人的生活都息息相关。举个简单的例子：在十年前，人们要到外面吃饭，只能亲自到饭店或餐馆用餐。但是自从普及了互联网，我们身边就出现了"美团外卖""饿了么"等一系列网络点餐、外卖送餐的服务。现在不管你人在哪里，想吃什么，只要在网上选好、付了款，外卖员就会把你想吃的食物送到你面前。这便是"互联网+"在人们生活中的一种表现形式。它将传统的餐饮行业与互联网紧密结合，形成了线上点餐与线下体验相结合的新商业形态,将互联网与我们的日常生活紧紧地联系在一起。

1.1.2 中国的互联网产业为何发展得这么旺盛?

小树苗要长成参天大树,土壤、阳光、雨露、养分缺一不可。中国的互联网经济能长成今天枝繁叶茂的样子,也离不开几个必备因素的共同滋养。这些要素,但凡缺少其中任意一个,都会导致它发育不良。

1. 我国网络用户基数庞大

"巧妇难为无米之炊",如果没有基数庞大的网络用户的存在,互联网产业的发展便无从谈起。

我国作为一个人口大国,网络用户的数量在全球范围内同样是位列前茅的。在中国互联网络信息中心(CNNIC)发布的第43次《中国互联网络发展状况统计报告》中,我们可以清晰地看到——截至2018年12月,我国网民规模已经达到了8.29亿,普及率高达59.6%,较2017年年底提升3.8个百分点,全年新增网民5 653万。而在移动网络使用方面,我国手机网民规模达到了8.17亿,网民通过手机接入互联网的比例高达98.6%。另外,在网络购物方面,截至2018年12月,我国网络购物用户规模达到了6.10亿,年增长率为

14.4%，网民使用率为73.6%。

这就意味着，中国已经有超过一半的人口在使用互联网进行社交、购物、娱乐及其他行为。中国网络用户的基数非常庞大，并且仍会在此基础上继续逐年增长。也正是如此庞大的网络用户基数，形成了我国电子商务用户层面的购买力基础，为我国互联网经济的发展奠定了基石。

2. 智能手机的全民普及化

"相爱没有那么容易，每个人都有他的手机！"

当看到这句充满调侃味道的改编歌词，你脑海里可能第一时间会蹦出一对恋人面对面坐着，各自拿着手机、低头默默刷屏的画面。手机已经成为人们生活中不可缺少的一部分，没有手机在手的时刻就像饥饿时没有食物进肚一样空荡。

种种现象，也从另一个角度折射出手机与这个时代的关联性。这种关联从十几年前起就已经产生了。截至目前，全球智能手机的用户人数占互联网用户总数的比率稳居76%以上，占手机用户总数的30%以上。

在这段进化史中，智能手机与互联网经济的发展始终是相辅相成的：互联网的高速发展让更多的人认识了网络，人们接触网络需要一个工具作为承载体，而智能手机就是最主要的工具。智能手机普及的过程也促使更多的网民产生，催生更大的网络市场，使得譬如手机平台购物、手机付费娱乐、手机理财等一系列互联网产业得以蓬勃发展，为中国互联网经济的发展添柴加薪。

3. 免费 WiFi 的全面覆盖

如果到一个陌生的地方住宿或者吃饭，第一件事情你会先干什么呢？想必十有八九的回答都是"先连 WiFi"！移动互联网时代，带给老百姓最直观的体验就是不管天南地北，都能让你随心所欲地连上免费网络，用上移动社交工具。人人可享有这种体验，得益于免费 WiFi 的全面覆盖。5G 时代的来临，意味着以后人们使用免费 WiFi 将会更畅快、更便捷、更舒心。

4. 人们消费习惯的改变

在过去，人们日常的消费以线下实体为主；一个普通老百姓要买到合意的物品，需要消耗大量的时间和精力去实体店或档铺"找货"。但随着互联网的发展与普及，人们的衣食住行变得越来越便利，生活节奏变得越来越快，时间变得碎片化。这种变化体现在消费层面上，是以往耗时较长的传统消费方式越来越难以满足人们求简、求快、求省事的消费心理需求（其实就是"懒"的心理）。网络消费的出现正好满足了人们这一需求，并逐渐形成一种大流。

实质上，消费主流从实体消费为主逐渐转向以网络消费为主，是整个商业消费模式从"人找货"阶段到"货找人"阶段的递进。用户消费需求的提升推动了社会消费的升级。

5. 国家的大力支持

业兴则国兴，业强则国强。国家的强大兴盛离不开经济的支撑，经济的发展同样离不开国家的大力支持。中国的互联网经济之所以能够飞速发展，并在短短十几年里赶追发达国家，很大一部分的原因是得到了国家长期以来的大力支持。

2015年全国人大会议上，李克强总理在政府工作报告中首次提出了"互联网+"行动计划；次年，李克强总理又在全国人大会议的政府工作报告中明确指出国家支持分享经济发展，鼓励发挥大众创业，万众创新和"互联网+"集众智汇众力的乘数效应。此后，在每一次国家的重大会议上，国家重要领导人都会喊话互联网产业，力挺中国互联网经济的发展。

国家的大力支持恰恰说明了：当一种经济形态上升到国家战略地位的时候，它就不仅仅是某一个行业的事情，而是整个商业形态的事情，是关乎整个民族每一个人切身利益的大事！有了国家这个坚实的后盾，互联网企业与互联网从业者在从事互联网经济活动时也有了更多的勇气和信心大展拳脚，在生产、经营中大胆创新，大步迈前，积极响应"大众创业，万众创新"的国家号召。

1.1.3 "互联网+"的发展与深化改变了什么？

交通工具的演变，改变了人们的出行方式；通讯业的发展，改变了人们的通信方式；外邦饮食文化的引进，丰富了人们的饮食方式……代表着新经济形态的"互联网+",它的发展与深化又改变了什么呢?

"互联网+"带来的"加法"效应与"减法"效应:

1. 老百姓衣食住行、公共服务事项的操办更便捷

互联网的发展,带给我们的改变是多维度的。首先从衣食住行,到公共服务事务,每一项与我们生活息息相关的活动都因互联网的普及变得简单便捷。

简单对比一下,同样是去某个地区自由旅行,放在十几年前,出行前如果你想知道当地有哪些代表性的、值得参观的景点,就需要亲自到旅行社了解,或者通过咨询一些去过当地的人等方式来获取你想要的信息,过程漫长且麻烦;但放在互联网广泛应用的今天,你只要打开手机或者电脑,输入关键词进行搜索,一切你想了解的信息都会在几分钟甚至更短的时间内呈现在屏幕上。同理,大部分公共服务事务的办理,也因互联网的普及省了不少烦琐的程序。比如在看病这件事情上,没有互联网和有互联网的区别就是,没有联网的年代你去医院看病,光是挂号就要耗掉大量排队等号的时间,十分费时;但在网络发达的今天,只要提前在网上预约,并在约定的时间内直接找到预约的医生进行诊治就可以了,不仅省时省事,还能根据以往病人的评价选择口碑更佳的医生。这些仅仅只是"互联网+"带来的"减法"效应的部分展现。关于这个"减法",还表现在我们日常的购物、住宿、打车以及办证等方面。

2. 消费的可选择性更丰富，交易趋于透明化

通常有了"减法"，就会有"加法"。"互联网＋"的"加法"，在消费方面的突出表现是，消费者的可选择性变得更丰富，商家的交易行为日渐透明化。

消费，是每个人一生中都在进行的活动。在单一的纯实体消费阶段，商业行为存在很多行内人知道但消费者不知道的"行业规则"，这些规则使得商品的交易形式、商品的价格都蒙上了神秘的面纱；消费者在日常的消费中几乎只能依靠以往的消费习惯来判断商品的购买价值，商家并不会透露太多细化的信息给消费者。例如大多数商品的实际成本消费者基本是猜不到的，这个阶段商家处于主导的地位。

举个例子，一个宝妈要给家里的宝宝买奶粉，在网络购物尚未出现的实体消费阶段，她"购买奶粉"这个消费行为的可选择性是很单一的：只能到实体店购买，而且想比价或对比不同品牌奶粉的质量、成分和口感时，需要挨个店铺进行询问，寻找商品差异化的过程烦琐。然而，在购物渠道多元化的今天，网络购物的出现使得商品的信息趋于透明化，消费者完全反客为主，掌握了主导权。在此阶段，同是一个宝妈去买奶粉，她可以选择去实体专卖店买，也可以选择去不同的网上购物平台对比着挑选，甚至可以依靠微信等社交工具从海外代购那里拿到进口货……除了可选的购买方式更多以外；若想对比商品的品牌、质量、营养成分等，及不同平台同款产品的售价如何，

差异在哪，在网上一刷也就一目了然了。

3. 商业模式多元化

"互联网+"就像一棵大树的主干，经过深化能延展出无数的枝叶，让整个商业世界变得绚丽多彩。

随着网络使用率的不断提高，互联网不仅带动了诸如微博、微信、直播、短视频等社会化媒体（即社交媒体）的发展，也促使大量依托社会化媒体实现变现的营销手段涌现。例如近年大火的微商和直播卖货，就是典型的代表。受到这类营销方式的影响，消费者越来越追求产品和服务的极致体验，越来越注重个性化利益。在此趋势下，实体行业、平台电商等原有商业模式受到了一定的冲击，竞争力下降，纷纷陷入了"获取流量成本高""透明的价格战重围""客户难以沉淀甚至无法沉淀"等瓶颈区。面对困境，唯有转型、升级、创新才是这些行业突破瓶颈的关键，而社交电商、新零售等创新模式的出现就为这些行业提供了破冰式的思路。

于是各行业纷纷投入革新大潮，积极试水社交电商及新零售。比如各大品牌、各大线下企业微信公众号营销和短视频营销的增设；阿里巴巴旗下淘宝头条板块的推出；各电商平台社群营销的运用；瑞幸咖啡等典型分享营销模式的兴起等等，都是各行业对社交电商、新零售模式探索的结果。

如今，随着各创新商业模式的试水成功，社区经济、社群经济、社交电商、新零售等商业模式已经全面开花，整个市场的商业形态呈现多元化发展的局面。

4. 个人创业变得更简单

互联网时代，是一个公认的、人人都能够实现创业梦的时代。

那么问题来了——中国历经了数千年的商贸交易，积累了丰富的经商经验，为什么大部分草根的个人创业梦只有到了互联网时代才变得容易实现呢？答案呈现之前，我们先来算一笔账。

假设你依照最常见的创业流程去开一个 30～40 平方米的中端化妆品店，盘下店铺加装修店铺大概需要 5 万～8 万元，雇一个员工协助打理店铺需要付月薪 4000～5000 千元，首次商品进货需要 2～4 万元，再加上每个月 500～1000 元不等的水电费，以及营业证件办理费用、工商纳税等等零散的花销，在还没盈利之前就需要先投入 8～12 万元的成本，这还是按照最少的支出计算的。

8 万～12 万的数额，对于毫无背景、家庭收入的一般老百姓来说，并不是一个小数目。它可能是一个家庭用了几年甚至十几年时间才积攒起来的，一旦创业失败可能很难承受得了。投入大，风险也大，并非人人都能担得起。

而互联网时代的到来，完全颠覆了这一切，让创业成本降到了史上最低。比如在互联网时代，你想开个服装店，可以选择在淘宝这样的电商平台上注册一个网上店铺（不开通"直通车"、自己全盘运营），你只需要交付一两千元的保证金，再加上进货的货款就可以上路了，节省了实体开店的大部分成本，投入较少。就算亏损了，这个风险一般人也能承担得了（组建了网店运营团队协助运营及花钱买"直通车"的情况另当别论）。尤其随着分享经济新风口的到来，新型社交电商创业模式的出现让个人创业的成本变得更低了。例如借助众享亿家、云集等社交电商创业平台的大部分草根创业者，他们完全是依靠平台的资源来实现创业梦的，除了需要一台必备的智能手机来联络客户以外，几乎不需要多花一分钱。可以说是投入少、风险小。

这就是为什么个人创业在互联网时代更容易实现的原因：创业平台给创业者提供了大展拳脚的舞台，并为他们提供了从引流、客户管理、营销到售后等一系列创业支持，帮助创业者节省了空间资源和大量运营成本，让每一个创业者用最低的成本去圆创业梦。

1.2　互联网海纳百川，分享经济成新风口

360依靠免费模式打造了市值80亿美金的上市公司；腾讯依靠QQ、微信两个聊天工具打造了一个上千亿的上市公司；

拼多多通过分享式的拼团模式打造了市值接近 2000 亿元的上市公司；星巴克拥有 20000 多家门店，却和近 40000 家门店的麦当劳在收入上相差不多……这一切的成果都归功于与时俱进的互联网商业模式。

在这个颠覆和被颠覆的时代，互联网孕育出了多元化的商业模式，包括团购模式、分享模式、新零售等等。各种商业模式百花齐放的背后，是激烈的竞争，是无数的创业者每天挣扎在求生的路上。面对"如何在时代的浪潮中劈波斩浪"这个问题，大多数睿智的创业者选择了分享经济的新风口。

1.2.1 分享经济，消费即创业

什么是分享经济？

很多人，包括一些正在经历创业这件事的创业者其实并不是很理解"分享经济"的具体含义。为了便于大家更好地理解，我们将"分享经济"进行拆分解析。所谓"分享"，就是一个东西你自己用着好，然后告诉别人；如果一个东西你自己用着好，你告诉了别人，你还能从中获取一定的好处（利益），这就是"经济"；将两者相加起来，就是"分享经济"。

"分享经济"是基于消费群体而诞生的一种新型的商业模式，它让过往在生产消费环节中扮演消费者的个体，直接从

"消费者"的角色升级成为"消费商",同时拥有双重身份。在众多的分享经济践行者中,拼多多、云集和众享亿家等算是大众比较熟悉的代表者。其中,众享亿家就曾对"分享经济"的概念给出过形象的诠释:一个消费者(你)在使用平台产品的过程中感受到了产品的好处,然后将这些产品分享给你身边的亲人和朋友,于是他们也来参与,也来使用平台的产品,这时候你可以从中获得分享的好处;同时你的亲朋好友也会不断把平台的好产品分享给他们周围的熟人,并也能从中获得分享的好处。这就形成了一条人人都在使用好产品,人人都在参与分享好产品的线路,大家都参与了"分享经济"活动。在这个过程中,你既是消费者又是消费商,你的行为既是"消费"行为,也属"引导消费"行为。

其实消费商很早就存在了,并且你也一定有过一些消费商行为。比如你在菜市场的某个档铺买了一袋米粉,你觉得好吃就分享给你的邻居,他们尝过也觉得好,也想买,你就带他们去同一个档铺买。在这个过程中,你引导了消费,只是档铺的老板没有给你任何的好处,你只是帮了邻居一个忙而已。但你的行为已经是消费商行为。如果在这个引导消费的过程中,档铺老板给了你一些钱作为你为他介绍顾客的报酬,你赚到了钱,那么你的行为就列入了"分享经济"的范畴。

所以,在"分享经济"里,消费商的本质就是花你本该花的钱,去赚你过去本赚不到的钱。

1.2.2 颠覆传统的分享经济模式,"异"在哪里?

1. 消费观转变,人人都是创富的主体

当你每次抱着随便逛逛,并没打算买什么东西的心态走进超市,出来时却不知不觉买了一大袋物品并花掉了几百大洋的时候,你是否想过一个问题:这些预期外的消费支出,以及你平时预期内的日常消费行为,其实都是你创富的一个渠道。我们每个人都可以从中创造出巨大的财富,只是大部分人都把这样的机会拱手送给了别人。

你可能会疑惑,消费本身就是在花钱,哪来的创富之说?口说无凭,我们可以来算一笔账,用数据说话!

假设一个普通家庭的常规消费是:每月购置厨卫清洁用品的消费是8元,全年下来就是96元;身体洗护产品月均消费35元,一年就是420元;口腔护理用品月均消费10元,全年就是120元;衣物洗涤用品月均消费10元,全年下来就120元;女性用于肌肤护理、美妆方面的消费月均200元,一年就是2400元;用于预防疾病、健康方面月均消费250元,全年下来就是3000元……这样估算下来,一个普通家庭一年下来花费在生活用品、美妆用品等商品上的费用至少有6000元左右。假设你现在35岁,按中国人均寿命75岁来计算,你至少还会活40年。也就是说,在未来的40年里你

要从勤勤恳恳挣来的财富中拿出24万元以上作为家庭的日用品支出费用。如果在这40年中,你影响了100个普通家庭和你一样做出了相似的消费支出,那就意味着你在这40年里做了一笔营业额超过2400万元的生意。若按照生意最低回报率5%计算,那么在未来40年里,你至少应该得到120万元的收益!如果上述的100个家庭又分别影响了10个家庭做出同样的消费支出,那就相当于在未来的40年里,你将要做一笔超过2.4亿元营业额的大生意,而你也应获得1200万元的收益回报,数目相当可观!

这些数据告诉我们,我们每个人本可借助消费行为来创造过百万甚至上千万的财富,本应拥有更好的人生。但实际的情况却是,大部分人将这笔钱花在了超市、商场、淘宝、京东等购物场所,因此结果也就一目了然:即使你余生消费24万元并带领他人消费这么大一笔钱,这些商家也不会给你一分钱的收益回报!一些大型超市最多也只是会给你办张会员积分卡,到了年底让你用积分兑换点商品,相当于基本没有回报。

分享经济的到来,刷新了人们对消费的认知,重新认识新时代的智慧消费——消费即创业。随着消费观的转变,消费者的身份也已经发生了转变,消费者升级为消费商,拥有了商品自用和经营的双重权利。也就是说,在未来的生活和经济发展中,买产品的人将会成为卖这个产品的人,并且都能在这个过程中获得应有的回报。这是未来商业形态中一个非常重要的核心与趋势。未来，消费即创业这种消费模式必将会成为商业形态的主流。

截至目前，国内很多企业已经在推行"消费即创业"的商业模式。

比如在广州有一家优秀的企业，主营家庭日用品，直接做终端销售，产品生产出来以后由企业的网上商城直接链接到终端客户手里，砍掉了传统模式中的层层中间商。企业通过小程序和APP进行推广，顾客购买了他们的产品以后就可成为他们的合作伙伴。接下来顾客只要登录企业的小程序或APP，将里面的个人二维码分享出去就可以创业了。这就是"消费即创业"模式的实际应用。

伴随着"消费即创业"模式（即分享经济）的流行，未来会有更多认为产品好，并且喜欢该产品的人自动成为此产品的传播者。可以这么说，分享经济重塑了传统商业价值的分配原则，消费者利用自由时间进行分享可以获取自由财富，既可以帮助到身边的朋友熟人，同时又能获取一定的收益。这完全符合大部分人渴望自由时间付出的同时，还能获得一定利益的人性需求。这也是分享经济是大势所趋的重要原因。

2.营销思路转变，从一个产品卖给多个人到多个产品卖给一个人

中国几千年的经商史一直延续到现在，我们的前辈始终在坚持、鼓励和倡导一种精神：匠心精神。所谓匠心精神，实质

是生产活动中某种营销思路沉淀后的一种产物。而这个营销思路，通常是指将一个产品做好、做到极致，然后通过特定的渠道把它卖给一千个人。当然，这里的"一千个人"只是一个概数，它可能会卖给"一万个人""一亿个人"，甚至更多。我们所熟知的一些大型平台或大型连锁零售商，比如淘宝、京东、苏宁、沃尔玛、家乐福等等，都沿用了这套营销思路。

将一个产品卖给一千个人的营销思维模式并不坏，只是它在这个消费者更注重性价比的时代里会越来越难走得通。这是因为随着互联网的发展，商品的同质化程度越来越高，一款好的产品很快就会被同行模仿出来。大众消费者在面对数款成分和质量相差无几，价格却相差甚远的商品时，他们会更倾向于选择高性价比的那一个。此时，单一化产品的营销思路就会显得相当被动，再与同行比拼也是力不从心。

分享经济完全颠覆了传统营销的思维模式，将以往"一个产品卖给多个人"的思路逆转为"将多个产品卖给一个人"。这种全新的营销思路，能够大大降低开发和维护客户的成本。举个例子，你有一款好产品，并且已经拥有了 10 个优质客户，你将这款产品卖给了这 10 个客户以后，这些客户的需求就已经满足了；如果你的产品要达到一定额度的销量，你就必须不断地开发这 10 个客户以外的新客户。在流量获取成本越来越高的今天，这是一件非常费心的事。但是，如果你转变思维，按照分享经济的营销思路把多个产品卖给一个客户，把满足这个客户衣、食、住、用等多方面需求的优质产品都推荐给他，那就意味着你完全可以省下无止境地去开发新客户的精力，只需要服务好你所拥有的这10个优质客户，同样也可以实现销售额的同比增长。

做过客户管理的人都知道，维护好一个老客户的成本远比开发一个优质新客户的成本要低。分享经济的营销思路就是改变以往单一产品难以满足客户多维度需求的短板，将开发客户和维护客户的成本降低，用更灵活的产品供应方式实现客户价值最大化。

3. 以人为本，注重"温度"营销

我们常常把营销挂在嘴边，到底什么样的营销才算是成功的营销呢？我们先来看个小故事：

有两个帅气的小伙子A同时爱上了邻村一个叫小花的漂亮姑娘。小花家境殷实，又是家中的独生女，父母视她为掌上明珠，而两个帅小家伙境都一般。小伙子A是个不折不扣的急性子，做任何事情都直奔主题。为了把小花娶到手，小伙子A直接拿着彩礼就上门求亲，并诚恳地向小花父母承诺一定会好好待小花。结果小花父母不仅嫌弃A性情浮躁，还认定他是看上了他们的家财才来提亲，并不是真爱女儿，婉拒了。另一个小伙子B就聪明多了，他深知小花父母爱女如命，做他们家女婿除了要把小花照顾得无微不至以外，还要憨厚老实、热情能干、孝敬长辈。所以

他并没有直接去提亲，而是抓住一切机会培养小花及其家人对他的好感。比如小花父亲是做药材生意的，平时会晒很多草药，有时候天突然下雨来不及收，小伙子B会制造机会"碰巧经过"，然后去帮忙。为表谢意，小花父亲要送他一些滋补药材，但他从不接受。又比如小花周末都会陪奶奶去逛集市，回来时手里会提很多东西，小伙子B会假装顺路，然后帮婆孙俩提东西等等……久而久之，小花一家人对小伙子B的印象都非常好，小花的奶奶更是直接问他谈对象没有，并暗示有意想撮合他和小花。故事的结局，当然是小伙子B如愿以偿抱得美人归了。

　　看完这个故事，一定有人会说小伙子A太傻了，不会做感情铺垫，做事目的性太强把人吓跑了。道理人人都懂，但到自己做的时候还是会掉进同样的坑里。如果你走访过一些实体店，或者研究过淘宝、天猫等一些电商平台的营销套路，你就会发现他们常做的事情跟故事里小伙子A做的事的本质是一模一样的。比如实体店的老板一天到晚都在琢磨怎么才能吸引门外的顾客进店消费；大部分的电商平台为了卖货会把很大一部分的精力投放在研究"直通车"和研究流量卖货上……他们都是在赤裸裸、冷冰冰地卖货，缺乏营销该有的"温度"。这种一开始就直奔目的的营销方式，连接商家与用户唯一的纽带是产品。除了产品，他们与用户之间几乎没有任何的情感连接，用户黏度低。这就意味着，一旦离开了产品，这些用户基本就跟他们没有任何关系了。尤其是电商平台，商家的主要客户流量来源完全依赖于平台，客户沉淀困难。很多用户在电商平台上买完东西以后，他只记得自己在某个平台买过一件什么商品，但是不会特意去记住这件商品的卖家是谁，店铺的名称是什么。所以往往一个客户在你的店铺购物以后，这个客户仍然不属于你，而是归于这个电商平台。

　　既然这种冰冷又无趣的卖货方式不讨喜，营销效果又不好，那为什么我们就不能像故事里的小伙子B一样聪明地营销呢？为什么要一开始就千方百计地想着怎么才能快速与对方成交，而不是先谈情，谈到对方高兴了再顺便把生意也做了呢？分享经济颠覆传统营销模式就颠覆在这里！在分享经济里，用户始终是整个生产消费活动的中心，比起将注意力集中在探索成交技巧上，商家更注重用户的感受，注重用感情连接用户，用有"温度"的营销方式去打动用户。比如分享经济里的一部分消费主体是宝妈，我想做宝妈的生意，我不会一开始就把对方可能需求的产品直接推销给她，而是先跟她做朋友，跟她讨论如何带娃、如何做好婴儿保健等用户关心的话题，通过有感情的讨论建立起信任，等到时机成熟再顺水推舟把好产品分享给这些宝妈用户。所以，"温度"营销，我们可以理解为将感情因素注入营销的每个细节里，以用户喜欢的营销方式实现我们想要营销效果。

4. 财富观改变，从"闷声发大财"到"大方晒财富"

从古至今，中国的商人在财富方面的态度一直很谦卑，越是赚到了大钱的人，在外的表现越是低调。这也是中国几千年以来形成的一种财富观。分享经济时代，随着社交在商业活动中发挥的作用越来越大，过去"闷声发大财"的财富观也受到了极大的冲击。比如从事社交电商项目的创业者，在自己赚到了钱以后，他们会在自己的社交圈里大方分享赚钱的方法和数据，让更多的人看到并跟着自己一起赚钱，一起实现财富的增值。所以在分享经济时代里，"分享"的精神是渗透到商业活动的每一个角落，创业者越分享，创富的机会越多。

1.2.3 分享经济风口下的五大"小趋势"，看懂了等于看清了未来

互联网时代，选择大于努力。若我们能看懂分享经济风口下的五大"小趋势"，就等于掌握了未来3～5年的商机。

1. 社群经济的模式会越来越普遍，并将为企业和创业者创造更多的财富和商机

随着移动互联网的发展，人们热衷于通过抖音、微博、微信等社交工具将自己的喜好、心情、社交关系等主动连接到互

联网上。在这个以社交为中心的广阔连接场里，没有人是不被连接的：没有人注册了快手、抖音、微博等账号而不关注别人或被别人关注的，也没有人注册了微信号而不进入一个微信群或被人拉进一个微信群的。

人们之所以如此热衷于社交连接，是因为他们渴望获得归属感，渴望通过社交媒介找到志同道合的人。因为有了这种渴望，能够满足这种渴望的社交场景——社群，便应运而生！作为移动互联网时代的产物，社群的实质是基于某个点（如兴趣、爱好、身份、需求等）而衍生的社交关系链。在进行传播口碑、收集用户需求、提高用户忠诚度等方面，社群有着其他渠道无法比拟的天然优势。

如今，在移动互联网的作用下，人们已逐渐进入以价值观和信任为基础构建的新经济时代，社群经济被广泛应用于各个行业。社群也逐渐成为营销人员开发新客户、沉淀客户、运营客户、转化客户、激发用户传播等的重要场所。比如美容院、餐饮等服务行业，社群已经成为很多商家进行客户预约、促销活动推送的重要媒介；比如传统电商、社交电商，创业者正在运用社群进行客户维护和转化；再比如一些中小企业，社群成为企业的同行或者合作商进行资源交换的场所……虽然社群经济出现的时间已经有好几年了，其应用的领域也很广，但是社群的价值仍有可深挖的空间。这是因为社群在连接用户方面的优势不会随着时间的流逝而减弱，反而会随着人们对社群熟悉程度和依赖程度的加深而日渐增强。就最近两年，依托社群兴起的社群付费知识服务、社群团购等等一系列新型经济模式的出现，都是社群价值被不断深挖的结果。社群的价值未来仍有很大的可挖掘空间。如果创业者能够参透社群的运营规则和"玩法"，并善于创新，用新的思维运营社群，必定能在社群经济这块肥沃的土壤里迎来新的商机，创造新的财富巅峰。

2. "实体店社交电商化"商机庞大

据中国商务部统计的相关数据显示，目前中国有超过600万家实体小店，总的年销售额在26万亿左右。每个实体小店都会有一定的客源量，我们假设一个实体小店拥有100个客户，600万个实体小店就有6亿个客户，这个体量是庞大的。如果这些实体店把店里客户的微信或其他社交账号都加上，然后通过社交工具发布产品信息再去卖货，这将是一个赚钱的大好机会。但是目前在中国，"实体店社交电商化"这一领域还没有一家企业或者一个创业者在规模化地做。如果创业者能够抓住这个商机，争当"第一个吃螃蟹的人"，将线下实体与线上的社交电商相结合，形成线上线下全渠道的商业模式，那么你只要把600万个实体小店中的6000个实体小店拿下，并把它们服务好，你就拥有了创造千万级财富的机会。

3. 社区、村庄将是社群经济最值得挖掘的疆域

2018年7月拼多多在纳斯达克挂牌上市，成为中国第一个上市的社交电商平台，它走的营销路线就是"农村包围城

市"的平民路线。拼多多的成功，给了创业者一个极大的启示：中国的农村、社区，拥有庞大的社交电商市场，是当前社群经济最值得挖掘的领域。

在中国这片广袤的土地上，现有280多个地级市，1700多个县，4万多个镇，60多万个村庄，300多万个小区。而这些居民集居的地方，无论是现在我们所居住的城市小区也好，乡镇也好，还是村庄也好，它们都是一个个相对独立的社群。如果我们通过某种媒介把这些小区或村庄组织起来，成为社群经济的主体，这也将是创业者创富的一个大好机会。打个比方：你居住在农村里，你所在的县有十几个乡镇，几百个村庄，如果你把这几百个村庄现有的微信群都加上，并在这些乡村群里做社群营销（卖货、提供服务等），这也将是一个潜力无限的创业项目。

4. 团购新模式将成为分享经济分支下一种新的创业模式

如果有人问我未来什么创业模式最值得创业者去拼一拼，我会建议他可以大胆试一试新的团购模式。

为什么团购新模式值得尝试呢？这是因为现阶段占分享经济主流的平台型社交电商之间的竞争越来越激烈，竞争者彼此的赛道正在逐渐变窄。平台之间的比拼从原来的拼模式、拼服务、拼品质，逐渐转向于拼资本实力、拼技术、拼人效……原来具备绝对优势的竞争力正在渐渐削减，生存压力巨大。面对市场竞争因素的变化，一般的社交电商平台会选择改变营销战略，要么厚此薄彼，要么开拓一条新的路径，这不管是对于体量一般、资本实力一般的平台，还是对于借力这些平台进行创业活动的普通创业者而言，都不是乐观的局面。而相对于平台型社交电商严峻的外部环境，新型的团购模式——社群团购由于刚刚出现，外部竞争小，发展空间大。再加上社群团购模式依靠社群强互动的客户连接，与平台型社交电商依靠平台低频互动的客户连接方式相比，在增强用户黏度方面，社群团购模式优势明显。所以，以目前的市场形势来看，社群团购模式拥有巨大的市场空间，非常值得创业者大胆尝试。

目前，已经有一些目光超前的企业捷足先登，稳稳抓住了社群团购的先机——前有永辉超市涉足社区团购；后有苏宁易购推出了阵仗浩大的"苏宁拼购"……这些正在迅速成长的新项目，都是社群团购模式的成形代表。互联网时代商机不等人，眼下是社群团购创业的黄金机会，创业者须拥有先知先觉者的敏锐与果决，稳握商机，勤于耕耘，才能在社群团购这个新的创业项目里收获累累硕果。

5. 5G 时代来临，"视频＋社交工具"将带来前所未有的流量红利，高新技术的应用将促使"新零售"进一步发展

关于 5G 时代，这两年一直传闻不断。2019 年 6 月 6 日，工信部终于正式发放了 5G 牌照，宣告 5G 时代正式开启。

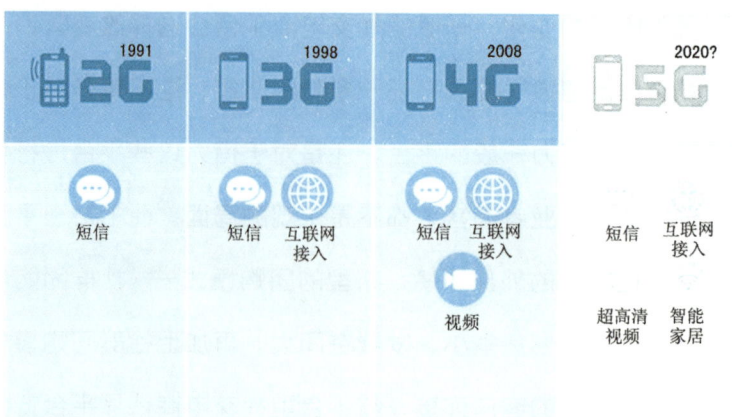

可能很多人对 5G 的认识，还仅仅停留在华为这个 5G 先行者的 5G 基站上。5G 到底能给我们这些老百姓和普通创业者带来什么革命性的东西呢？我们先来划分一下 2G 到 5G 这几代网络通信的粗略线条：2G 是文字网络信息时代，3G 是图片信息时代，4G 开启了直播和视频时代，5G 开启了智能时代。

在 4G 网络时代，短视频的兴起已经给我们带来了相对于 3G 图文信息时代更为直观的互动场景，大大节省了用户浏览信息的时间成本。而 5G 的到来，伴随着流量资费的降低和网速的大幅度提升，长视频和直播将迎来新的机会。未来在 5G 环境下，视频和直播将变成最基础的用户互动场景，VR 和全息投影技术的应用也会获得高速发展的土壤。

对于一般消费者来说，当 5G 终端和网络全面普及之后，5G 网络的传输速率可达 10Gbps，相当于手机用户在不到一秒的时间内即可完成一部高清电影的下载。这就意味着，5G将会给消费者带来更快的带宽速度，以及接近于零的延迟。当然，它还将会通过某些高端技术（如VR技术）的应用，为消费者提供更身临其境、更高分辨率的优质体验。

对于商家或者创业者而言，5G带来的变革主要表现在四个方面：

第一，长视频将给商家带来更强的用户互动场景。在5G环境下，长视频浏览将成为大众基本的阅读习惯。长视频可以让用户与品牌进行更深层次的接触。当用户有更深入的观看体验时，品牌信息将更容易被消费者所接受。这就为商家创造了更多被了解和被选择的机会。

第二，网络的提速，将会促使借助社交工具进行变现的直播经济迎来新的爆发点。4G网络的传输均速为9点多Mbps，5G的传输速度翻了百倍。这就意味着，随着5G时代的到来，以往网络直播中常见的卡顿现象将会消失，网络主播可以随时与粉丝保持顺畅的互动交流，而不受网络延迟的影响。所以，未来网络直播售货将会成为更受电商或社交电商追捧的销售渠道。

第三，VR技术和全息影像技术将得到极为广泛的应用，这将使消费者的消费体验得到极大的提升，让线下商品的损耗大大降低，也能提高商品的成交机会。当一个社交电商平台引入了VR技术和全息影像技术后，商家就可以360度全方位展示店铺与产品，让客户有了身临其境的体验。举个例子，如果一个客户想在某个平台上买件衣服，他只要点击平台 APP 相关的页面提示，就可以通过 360 度无死角的浏览来了解这件衣服，包括衣服的做工、材质细节、试穿效果等等，就像在实体店试衣服一样。让最爱"买买买"的女人们狂热的逛街运动在家中就可进行。

另外，传统线下的实体商家也可与线上融合，比如入驻网上平台，然后通过 VR 技术的应用给消费者身临其境的购物体验，在增加与顾客达成交易可能性的同时，也可以大大降低线下商品的损耗率。除此，线下实体店还可以通过外卖送货员的快速响应，实现同城 1～2 小时就能完成的高效配送。这将会进一步推进线上与线下的完全融合，最终形成一种新的商业形态，也就是我们常说的"新零售"。未来，"新零售"将会在 5G 的带动下迎来蓬勃发展的势态。

第四，5G 将给视频领域带来更多的流量，电商或社交电商将迎来一个新的发展机遇。5G 的到来，随着流量资费的降低，会让更多的人成为移动互联网的参与者，这意味着它将会引发新一轮全民手机上网的热潮。而这些人中的大部分就处在电商及社交电商行业最想要开发的县城、农村、社区等等区域，所以，电商或社交电商行业的流量红利或将迎来新一轮的爆发。

综上，5G 时代带给创业者的机会是巨大的，要抓住商机，创业者不仅要主动了解 5G 的动态,还要有与时俱进的思维与极强的执行力,及时乘上 5G 的风口。

1.2.4 看懂趋势很重要,落地执行更重要

看懂趋势只是看到了通往成功的路,如果一味地空谈趋势而不落地执行,这跟纸上谈兵又有什么区别呢?作为创业者,我们应该要清楚:看清了前进的道路并不等于未来的机会就属于你了,只有落地去执行,机会才掌握在你手里。那应该怎么做呢?

1. 改变思维,用发展的眼光看未来

不管你是开公司、做零售还是借力平台创业,比营销本身更重要的是你的思维方式。

互联网时代的市场风向一直在变,我们的思维也要跟着变。

(1)将以产品为中心的思维,转变为以人为中心的思维。

在 20 世纪 80 年代、90 年代做生意,竞争对手的销售渠道没有今天互联网环境下这么多样化,加上那个阶段正处于很多产品稀缺的时候,行业的竞争远没有今天这么激烈,商家只要把产品做好就不怕没有客户、没有生意可做。那时候"酒香不怕巷子深",只要是好东西就能吸引源源不断的优质客户。所以商家只要一心一意把产品做好就可以了。

但如今,市场环境变了!随着网络购物、直播购物、微商等等一系列商业模式的涌现,客户要买到替代的商品或者性价比更高的同类商品,只要上网一搜索或进社群一问,要多少有多少。在这种环境下,抢夺客户成了所有商家的头等大事,以往埋头做产品的思维方式显然已经行不通了。这时候,要想把生意做好,商家也好,创业者也好,都要转换思维,用"以人为中心"的思维维护客户。学会站在客户的角度为对方着想,先把客户的忠诚度培养起来,让他认可你、信任你,再去研究怎么把合适的优质商品卖给他。

(2)从流量思维,转变为粉丝思维。

不少电商和实体店现在仍然在用流量思维做生意,他们总是在考虑怎么获取客户流量。在客户流量获取越来越难的今天,通过高成本投入获取客源的方式其回报率并不高。这是因为流量思维是一个阶段性的思维,它更适用于互联网刚刚兴起的阶段。那时候关注就是生产力,谁获得的关注越多,谁的机会就越多。比如当时人们习惯上互联网去查找哪里有更好的产品,哪里的产品性价比更高……于是一些网络购物平台,像淘宝、京东等网络商城就聚集了大量的客户流。要获得这些客户流量,平台的商家就养成"关注就是生产力"的思维,然后通过购买"直通车"等业务来吸引关注。这个阶段,关注就是生产力的思维,实际上就是流量思维。

但是随着短视频、直播等新媒介传播方式的兴起,用户的注意力被分散，他们的关注点也有所转移。进入这个阶段，消费者已逐渐倾向于以信任为导向的消费模式，"关注"对"生产力"的主导作用已经没有那么强了。此时创业者若要实现以低成本获取理想的客户资源这一目标，就要从流量思维里跳出来，用粉丝思维去做生意。什么是"粉丝思维"？——就是先培养起一部分忠诚度较高的种子粉丝，再让这些粉丝帮你做品牌传播、客户裂变的思维。

（3）从转化思维，转变为裂变思维。

如果让你把 10 个完全陌生的人全部转化成你的忠诚客户，这个难度是很大的。因为你需要花费大量的时间和精力去打动他们，让这 10 个陌生人从模式、商品品质、服务和售后等方面完全接纳你、认可你。即使是营销精英，单靠一己之力也很难做到 100% 转化，10 个能转化 3 个就已经非常厉害了。但如果你用裂变思维去裂变 10 个忠诚客户，这个难度就低得多了！你只要培养起一个忠诚客户，然后让这个客户去将信任他的人脉裂变成你的客户，那得到 10 个优质客户就很容易了。所以，创业者一定要学会用裂变思维去培养客户。

2. 筑建自己的"商业鱼塘"，把粉丝"圈养"起来

在一个鱼塘里面捕鱼，比在一片茫茫的大海里撒网捕鱼要容易得多，这个道理相信人人都懂。那我们为什么不能举一反三，把这个"鱼塘理论"引用到创业上来呢？

假设我们把客户比喻成一条条游走的鱼儿，我们通过网络

平台、实体店做客户的生意就相当于在大海里面捕鱼。要出海捕鱼，你就必须要花足够的资本和精力去打造一艘能出海并且抗风浪的渔船，还要有一个很厉害的捕鱼工具。整个过程的成本大不说，还避免不了很多不确定性因素的影响。比如一些客户以前经常在你开的超市里买东西，但后来附近又新开了一家和你家差不多的超市，这些客户很可能就光顾新开的超市，这就相当于你本来捕到的鱼溜到了别人家的网里面，你的收获变少了。所以，我们做社交电商可以考虑一下筑建一个自家的"鱼塘"，把已经到手的"鱼"放进"鱼塘"里面养，让"鱼生鱼"，等"鱼"养大了再捕捞。也就是筑建自己的粉丝池，让粉丝自发性地去宣传品牌、带动裂变。

在"圈养粉丝"这件事情上，小米品牌就做得很成功。它把小米发烧友聚集到一个"米粉"群里，然后让他们参与到小米新品研发的讨论中，广集粉丝意见，让每个粉丝有极强的参与感，使他们在这个参与的过程中更加认可和热爱这个品牌。也正是"养粉"方法使得好，小米才会形成一种几乎每个粉丝都乐意主动把小米品牌推荐给身边熟人的营销效果。据说，每个"米粉"至少有把小米品牌推荐给他身边的 5～8 个朋友或熟人。这就意味着小米不用花一分钱、仅靠"米粉"的自发性推动就能实现品牌推广和用户裂变的目的。我们假设小米原有 1 万个粉丝，通过"养粉"平均每个粉丝又吸引了 3 个用户成为"米粉"，这就已经轻松实现了粉丝数倍的增额。难怪雷军说"因为'米粉',所以小米"!这足以证明筑建粉丝池的作用之大。

在分享经济大潮中,作为社交电商创业者的我们已经拥有了一定的社交资源(粉丝),如果我们能够像小米一样搭建起自己的"商业鱼塘"(即粉丝社群),把粉丝放到社群里进行"圈养",将他们发展成为品牌的传播者和推广者,那么想要获取庞大的客户流量就很容易了。

3. 在实现目标销售额之前,先踏实做好"从量变到质变"的功课

冰冻三尺非一日之寒!无论是客户的积累,还是业绩的增长,都不是一蹴而就的。如果我们想达到一个理想的目标销售额,就要好好做功课,先做量变,再转质变。比如2020年,一个草根创业者想要实现100万元销售额的增长目标,那他至少要先申请10个微信号,然后通过地推、网络推广等引流手段积累10万个泛粉,再建10个社群,把泛粉里面至少1万个人转化成他的粉丝,让粉丝帮忙裂变。等拥有了足够多的精准客户以后,这个创业者就能做到100万元销售额的增长目标了。

创业切忌急于求成,如果你连客户都还没有,就急着去追求销售额,那是不太现实的。与其苦恼怎么才能达成目标,不如先去积累客户,等有了足够规模的客户再去追求销售额。

Chapter 2 如何选择社交电商创业项目？

互联网创业如同大海航船，航线有千千万万条，每一条都充满了未知数。航行中后浪推前浪，前浪是否会搁浅在沙滩上，全取决于船本身的抗风浪能力，以及航线有没有选对。选对了，事业飞黄腾达；若方向选不对、模式本身又有问题，创业的小船说翻就会翻。

在某论坛上，一位创业者就曾贴过一段扎心又搞笑的创业自述。他调侃说：做社交电商一个月10万元真的不是瞎吹的，真实存在！他用一个旁观者的姿态阐述了他在社交电商这条路上是如何一个月亏掉10万元本金的。这位创业者将自己从如何花费高门槛费入行，到大量进货，再到投入的资金越来越多，并且在最后不知不觉地将自己所有积蓄"败光"的细节和盘托出，大胆披露了社交电商行业里一些罕为人知的内幕。他的经历也证实了一点：社交电商虽是大势所趋，"钱"途无量，但个人创业项目良莠不齐，风口随时都会变成风险，因此创业者如何选择靠谱的个人创业项目至关重要。

2.1 那些"翻船"的互联网创业项目，都经历了什么？

互联网创业，是一项"玩心跳"的活动，往往项目起盘容易，但要撑过"鬼门关"，活下去就没那么简单了。在一份 2016—2018 年互联网创业倒闭企业的调查名单中，包含不少曾一度赚足大众眼球的互联网创业公司，也不乏一些曾占据行业龙头位置的创业项目。这些"翻船"的互联网创业项目，究竟经历了什么劫呢？

2.1.1 年轻的"某某百货"：创业该遇的坑都遇上了，但依然没能活下来

互联网的时代，是年轻人主导的时代。年轻代表着无限的可能性，意味着无所畏惧，敢于开拓创新；但年轻也意味着缺乏经验，意味着更容易因一时冲动做出错误的决定，造成难以挽回的局面。

在过去的两三年里，年轻的 90 后创业者们差点被捧上了天。一时之间，"独立自信""无所畏惧""不盲从"等字眼成了他们听得最多的赞美词。然而，在万人齐挤独木桥的创业大

潮里，再多的赞美也不足以代表实力，只有当大潮退去，我们才能看清是谁在真正"裸泳"。因为我们见过太多昙花一现的创业案例，他们的创业轨迹就像坐过山车般大起大落。在这些案例中，由享有"商业天才"美誉的花季少年创办的"某某百货"最具代表性。

记得"某某百货"被捧得最火的那段时间，那位头顶着95后CEO光环的小鬼当家常被家长们拿来教育家中的熊孩子，一言不合就来一句"同样是十六七岁的人，你看看你，只会惹我生气；你再看看人家'某某百货'的老板xx，跟你一样大，人家都已经开始自己创业赚大钱了"。但毕竟太年轻，这个"别人家的孩子"创办的平台好景不长，成立只一年时间就从"神坛"跌到了谷底。

按理说，作为国内首家专注于95后青少年个性化产品销售的电商类创业平台，"某某百货"的定位清晰，一开始蓝图绘得也不错，加之成立之初就获得了投资界多位大佬的巨额融资，可以说起盘条件优渥，要获得成功并不会太困难。但是"某某百货"的路并没有顺着几位投资大佬预想的轨迹发展。刚拿到A轮融资的"某某百货"就开始了疯狂的扩张：一边内部大量增员，豪气烧钱使用"猎头"招聘所谓的"行业大牛"、技术精英；一边盲目听信某些所谓"大背景"企业的"丰富经验"和"专业性指导"，盲目制定战略计划，使经营的业务脱离了用户真正的需求。更匪夷所思的是，"某某百货"在毫无供应链管理经验的前提下盲目拓展供应链,大量引入资质参差不齐的供应商……毫不夸张地说,"某某百货"短暂的创业之路一路都在不停地挖坑、跳坑:从企业管理的坑跳到供应链搭建、产品线扩张的坑,从资金投放的坑跳到危机公关的坑……创业路上该遇的坑它都遇上了,却也没能从这些坑里重新爬起来、活下去。

风光无限地出场,黯然伤神地离席!"某某百货"抛物线式的命运,用孔尚任《桃花扇》中的那句"眼见他起朱楼,眼见他宴宾客,眼见他楼塌了"来形容最恰当不过了。"某某百货"的沉寂,也给了我们一个启示:创业是一场马拉松竞赛,比的是耐力,在起点上甩竞争者多少条街都不算赢,能笑到终点的才是真正的赢家。一个创业项目的掌舵人若不善管理,急于求成,盲目追求规模化,雄厚的资本也只会沦为项目凋零的催化剂。

2.1.2 游走红线上的"某某购":常在河边走,哪有不湿鞋!

"君子爱财,取之有道。"在"爱财"这条路上,有的人一直保持着"君子"的理智,有的人早已被利益蒙蔽了双眼。

2016年,个人创业处于大火状态。在利益驱动之下,各类个体创业项目不断涌现，但同时也有不少高调出场的项目纷纷倒下。在一份包括"零售、餐饮、交通、金融、医疗、美业、婚庆、社区、房产、旅游"等领域的互联网创业企业死亡名单里，"某某购"的大名赫然在列。这个曾经在全国各地大张旗鼓举行推广活动，项目还渗进过高校，甚至在呼声最高的时候曾一度成为微商圈"楷模"的个人创业项目，终于还是在长期游走红线边缘的这步险棋上落水了。一步走错，满盘皆输。在被取缔之前，"某某购"尽管依靠鼓吹诱惑力爆棚的市场倍增学圈了不少钱，但因涉嫌违法，最终其所得的近4000万元资金还是一分不剩地被全部没收了。曾经的互联网创业"楷模"一夜之间变成炮灰，实在令人唏嘘。

　　商场如战场，投机取巧，终自食苦果。"某某购"的结局，不过是再一次印证了违背市场营销规律的做法在任何时候都是行不通的。作为身处局外的旁观者，只要稍微耐心分析一下"某某购"的运营模式，都不难发现："某某购"层级式的利益分配模式，本身就满是弊端。"某某购"所推崇的创业模式，是参与人员只要在其网上商城以购物的形式缴纳一定的费用就能成为会员，会员通过继续发展其他人成为下线（俗称"拉人头"）就能获得对应的推荐金和业绩酬劳，下线层级高达8层之多，远远超出了红线的范畴。按照"某某购"的创业利润推算公式，一个会员通过不断"拉人头"的方式进行复制，每个层级只要复制6个消费商，就能轻松赚取不低于800万元的创业利润。如此巨大的利益，对于一些心心念念想通过创业致富的草根来说，诱惑力绝对秒杀一切个人创业项目。如果一些创业者一时头脑发热、盲目加盟，就会分分钟被别人当成"韭菜"来收割。

充满创新力的社交电商，本以产品为中心，以卖货赚钱为目的。但"某某购"却是依靠锁定别人来赚取推荐费，这本身就已违背了社交电商发展的初衷。暂且抛开模式不说，它用于做门面的产品，质量也是堪忧。"某某购"商城涵盖近千种产品，看起来确实像一个正儿八经的网上商城。其对外宣称商品均为正品，质量有保证；但实际大多数产品来自于消费者未曾听过的小品牌、小工厂，产品的安全性、质量和售后都难以保障。一旦出现产品问题，消费者的维权之路更是无从谈起。在运营模式上投机取巧，在产品供应上"挂羊头，卖狗肉"，"某某购"的灭亡严格来说是自己挖坑把自己埋了。

如今，"某某购"已经消失，但它的倒下也留给了后继创业者们一个忠告：这个时代不断涌现的商机，有时也是危机。做生意，靠利益驱动永远比不上靠产品自身驱动来得踏实，培养用户的忠诚度才是王道。旁门左道的圈钱模式虽然来钱快，但终究不会长久，"君子爱财，当取之有道"。创业者把更多精力花在产品创新和品质改善上，才是个人创业项目走下去，崛起来的长远之计。这是一个人人能做创业梦的时代，各种鼓吹创富梦的皮包项目会前赴后继地涌现，对于每个心怀梦想的个人创业者来说，只有摒弃暴富心理，才能看清自己、看清市场，才能不被蒙蔽和诱骗。

2.1.3 带血奔跑的"某某拉拉网"：干过了"千团大战"，却败给了自己的理念

谈起2018年创业圈内的大事件，团购大牛美团的上市算是其中一件。美团上市，意味着美团顺利迈入中国互联网巨头行列。这本来没什么，但美团掌门人的一个小举动却在网络上激起了千层浪。面对里程碑式的进阶，稳打实干的美团创始人在上市敲钟仪式的致辞中大方致谢曾经的竞争对手。这一谢，让其曾经最大的竞争对手"某某拉拉网"浮出水面，并再一次成为大众关注的焦点。有意思的是，就在美团上市前不久，曾经吊打美团的团购一哥"某某拉拉网"在历经"欠薪裁员"的风波之后悲情落幕。一念天堂，一念地狱，这个结局怎么看都有点戏剧化。

美团与"某某拉拉网"跌宕起伏的追逐之路及天差地别的结局，恰恰应了"风水轮流转"的民间老话。要知道，8年前，在"某某拉拉网"红极一时的时候，它曾以20.8%的市场占有率抢得国内团购一哥的宝座，用户数量和市场覆盖率都在美团之上。只是这个行业一哥的宝座实在是易攻难守！"某某拉拉网"还没把龙头大哥的宝座坐热，就被其奉行的"唯快不破"

的理念一步步推向深渊，昔日的辉煌也逐渐被接踵而来的挫折所接替。

中国电子商务研究中心一份昔日的数据显示：从2008年团购模式在美国诞生到2013年年底，短短五年时间内，全国共诞生团购网站6246家；可到了2014年1月，全国团购网站数量仅为213家，倒闭率超过九成，"某某拉拉网"是这场"千团大战"中胜利者之一。作为为数不多的幸存者，虽然"某某拉拉网"的起步仅比美团晚不到一个月，但它的扩张速度远在美团之上。当美团还在一步一个脚印搭建地基的时候，"某某拉拉网"就已拿着首轮融资到手的1200万美元奔上了一条疯狂烧钱抢占市场的道路。

在"唯快不破"理念和雄厚资本的共同支撑下，"某某拉拉网"扩张市场的方式堪称狂野。在宣传上，"某某拉拉网"疯狂烧钱打广告，每年花在广告上的费用高达数亿元；在管理方面，大规模招收地推人员，迅速扩张团队。为了更彻底地占据中国团购的整体市场，"某某拉拉网"甚至不计成本，利用高额的补贴作为吸引商家入驻的利器。这种带血奔跑的方式确实在短时间内把"某某拉拉网"给吹起来了。短短一年多时间，"某某拉拉网"的团队人数增至6000人；短短两个季度，平台注册用户就从30万增长到450万，市场占有率达20.8%，坐上了行业一哥的宝座。但这样的蒙眼狂奔与野蛮生长，是要付出代价的。"某某拉拉网"的代价，就是巨额亏损。据2011

年"某某拉拉网"在美IPO招股书显示,"某某拉拉网"成立近两年以来仍没有实现盈利,一直在亏损。

没有盈利且烧钱速度过快,使得"某某拉拉网"在2011年上市计划失败后迅速陷入了"资金链断裂"的风波,行业一哥开始走下坡路。然而,这还没完!"某某拉拉网"在狂飙突进期间深藏的很多问题,这时也纷纷成为"压垮骆驼的最后一根稻草"。比如起自"江湖"的地推团队,由于扩张过快,很多资历较浅的地推人员在内部人力管理系统和职业经理人制度严重缺失的情况下被提拔为中高层管理,使得地方公司的利益监管成为空白。企业内耗严重,让本已陷入资金危机的"某某拉拉网"雪上加霜。内忧外患双重夹击,加之后继无援,"某某拉拉网"自此一蹶不振。

俗话说,欲速则不达。"某某拉拉网"从创立到计划上市,想通过烧钱一步成功,步子却迈得太快,替人做了嫁衣裳。反观美团,虽然也烧钱,但步子明显比"某某拉拉网"稳当太多。"某某拉拉网"的结局令人惋惜,但也在告诫创业者:对于互联网创业项目而言,资本已不是最稀缺的资源,也不是项目成功的充分条件。如果一个项目长期依靠烧钱打广告来吸引用户,扩大规模,无疑是饮鸩止渴。面对忠诚度不高的用户,企业一旦没了后续的资本作为支撑,烧不起钱了,这些用户就会毫不留情地转向竞争对手。所以,创业者与其一味地通过烧钱、价格战来抢夺市场,不如脚踏实地做好企业管理,做好服务,培养起客户的忠诚度，用产品与口碑赢取市场。

2.2 选择社交电商创业项目不可忽略的几大问题

中国民间有一句话叫：男怕入错行，女怕嫁错郎。放到互联网时代的今天，不仅是男的怕入错行，女的也怕入错行。尤其是当各种创业项目多到可以用"泛滥"这个词来形容的时候，可谓鱼龙混杂。如果不懂得选择行业，稍不留神，创业者就会陷入各种深不可测的创业陷阱，"人财两空"（这里的"人"是指人脉）。那么，想进入社交电商行业的创业者该如何选择社交电商创业项目呢？有几个关键点创业者们不能不知道。

2.2.1 社交电商项目的商业模式是否具有竞争力

商业模式，说白了就是企业通过什么途径或方式来赚钱。据某项权威统计的数据显示，在2008—2019年的互联网创业公司失败原因中，近1/5的企业败于行业竞争，而高达16%的企业是因为商业模式匮乏。

由此可见，商业模式对于一个互联网创业企业来说有多重要，它的好坏直接关系到企业的存亡。因此，在选择社交电商创业项目的时候，创业者应了解所选创业项目是否有具有竞争力的商业模式。怎样才算具有竞争力呢？就是该创业项目的商业模式既能够支撑项目长久地生存下去，也对创业者有利。然而，在社交电商崛起阶段，由于受社交电商早期红利的诱惑，很多顺着风口而起的社交电商创业项目，其商业模式往往两者都无法达到。

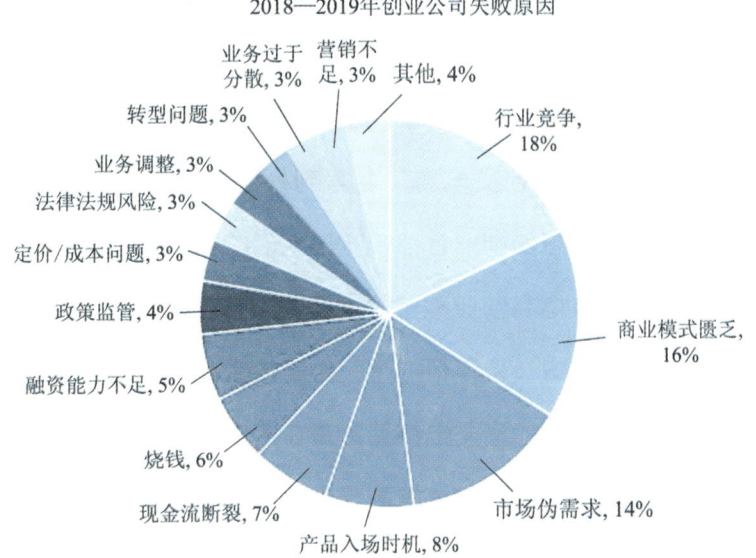

2018—2019年创业公司失败原因

在前面提到的案例中，"某某购"就是典型的代表。"某某购"依靠"拉人头"赚钱这种游走在红线边缘的商业模式，虽然能够在短期内为项目带来巨大的财富，但它脱离了社交电商的本质，没有核心产品作为支点，所以既不能支撑项目可持续地发展下去，也不能为参与其中的创业者带来想要的结果。这类项目往往会通过偷换概念的伎俩吸引创业者"入门",但收取了"入门费"以后就是另一番景象了:创业者投钱进去,根本没法从中获得像项目前期所鼓吹的创业结果。所以很多创业者,在投身其中以后才知道项目的"真面目",要么当花钱买教训,及时抽身离去;要么抱着"打死都要博回本"的心态拉拢身边的资源"入瓮"。但结果也是很惨的,有的消耗完身边的人脉以后勉强回本;而更多的是"人财两空":人脉被消耗完了,"入门费"也没要回来,落得个"赔了夫人又折兵"的惨痛结局。

而更惨烈的是,"某某购"恰恰是很多规模参差不齐、资质不详,并打着"社交电商"名号到处圈钱的皮包项目的缩影,无数心怀梦想的创业者都曾吃过他们的亏。像很多目前投靠众享亿家社交电商创业平台的创业者,都曾在类似的创业项目中留下过血泪史。但幸运的是,目前像众享亿家这样有具有竞争力的商业模式的社交电商平台正在逐渐取代社交电商皮包项目,比如云集、悟空掌柜等等都是目前可圈可点的社交电商创业项目。就拿众享亿家本身来说,在抓住了"分享经济"这个风口、掌握了市场未来的发展趋势以后,并没有在核心产品的打造上有过丝毫松懈。一方面,众享亿家通过推出诸如"维纳丝""福德春堂"等一系列"品质优良、价格实惠"的高性价比品牌产品来获取市场,拉动平台的发展,同时也为消费者和平台创业者带来良好的消费体验。另一方面,在运营模式上,众享亿家不断优化平台模式，通过设立各种良性循环的营销活动带动平台的营销氛围，协助平台创业者开拓市场，让每一个借助众享亿家平台的创业者都可以通过分享优质产品的方式赚取商品的销售利润。这也是为什么越来越多的草根创业者愿意投身众享亿家创业平台的重要原因。

总结来说，一个商业模式具有竞争力的社交电商项目，其特点不外乎三点：第一，不脱离社交电商的本质，商品始终是项目进阶的核心。在社交电商行业，一个完整的商业模式，一定要有核心产品，而且产品一定是从用户出发、为用户服务的，这样才能创造商业价值。第二，社交电商项目能够在商业模式的支撑下，拥有长久的生命力和创造力。第三，创业者能够借助社交电商项目"正正当当"地赚钱，并且稳稳当当地赚到钱。

2.2.2 社交电商项目的产品链是否完善

在所有的商业交易活动中，产品始终是交易的核心，社交电商也不例外。

不管是社群型的社交电商，还是平台型的社交电商，产品都是它们的生命。创业者在选择社交电商创业项目的时候，判断一个项目有没有前途，其产品链的完善程度是重要的判断标准。一个具有完善供应链的社交电商项目，包括：①具备正规的产品供应渠道，并且供应链足够长，产品能持续供应；②具有严格的产品把控机制；③具有高效的物流输送系统，保证商品能及时地送达用户手中。

在众多的社交电商项目中，云集在供应链管理上就极具发言权。比如云集通过制定"买手制"的商品筛选机制把控产品的品质，并且长期签约"中华联合保险"为其项目内的所有商品保驾护航。从云集的产品来源上看，云集绝大多数商品直接来源于厂家，部分来源于专柜。商品在上架前，都经过专业人员的严格把关，这样从源头上就杜绝了假货的出现。

与云集的供应链搭建方式相似，社交电商平台众享亿家在搭建供应链方面同样是下足了功夫。众享亿家通过商品直采的方式，直接将产品从货品的生产源头（工厂或者生产基地）直接链接到消费者手中。一方面砍掉了中间商环节，直接让利给终端消费者；另一方面，通过由工厂直接代发货的形式，避免了商品在流通的中间环节被偷梁换柱，保证消费者收到的都是一手货源。而在品质把控方面，众享亿家则通过设立专业的买手部和产品部，通过多层筛选、层层审核的方式把控商品的质量，保证所有上架的产品都是合格的优质商品。另外，众享亿家通过自建物流仓的方式来实现商品的高效配送，保证商品在最短的时间内到达消费者手中。总之，一条完善的产品供应链，必须在源头、监控和输送的环节都要足够的完善。

所以，创业者在选择社交电商项目的时候，如果项目的产品供应链具备了以上提到的几个关键点，那么这个项目就可以列入考虑的范围。

2.2.3 社交电商项目的管理体系是否完善

运营一个社交电商项目，就像买车，对于大多中等收入的车主来说，"买车容易养车难"。而社交电商项目，是起盘容易管理难。在前面的案例中，我们多次提到很多互联网企业因为管理不善，起盘时风光无限，落幕时黯然伤神，比如"某某百货"就是其中之一。

管理，是一个社交电商项目长久性的运营动作，它不仅体现了管理者对市场的洞察是否够深入，对市场商机的把握是否精准，还能体现出管理者的格局和综合管理能力。而这些，都密切关系到一个社交电商项目能否走得远。所以，创业者在选择社交电商创业项目的时候，一定要了解清楚所选的项目是否拥有完善的管理体系。

在社交电商刚刚出现的时候，编者就遇到过很多管理上存在漏洞的创业项目。比如当时一个非常火爆的社交电商创业项目，做的是内衣品牌，就因为管理者的决策问题，经常性地将一个项目做到一半的推广方案喊停，然后去搞新的玩法。结果是项目赚到了利润，但借助该项目创业的代理商铆足干劲将方案推出去，投入了大量的人力物力后，却赚不到钱。长期下来，个个创业者被折腾得筋疲力尽，最终不得不选择离开。还有一些社交电商项目，不结合项目本身的实际情况就盲目扩张供应链，盲目追求体量，结果也是导致企业走向失败，下面的创业者跟着遭殃，唇亡齿寒。

那么，创业者应该如何判断一个社交电商创业项目的管理体系是否完善呢？看三点：第一，项目的产品供应链的搭建是否有计划性，是否结合了项目本身的发展路线；第二，项目的营销路径是否有规划性和一定的目标性；第三，项目运营的所有出发点是否围绕着消费者和项目参与者的利益。如果一个社交电商创业项目在这三点上都做到了"有规划、有目标、有长远的思考"，那么这个社交电商项目的前景一定不会差到哪里去。

Chapter 3 从"小白"到创业达人必须掌握的营销技巧

上学的时候,很多人一定听过老师说的一句话:磨刀不误砍柴工!

对于学生党来说,比勤奋、努力更重要的,是掌握了学习方法。你可能亲身体验过:方法没用对,挑灯夜读一整宿也比不上别人看书一个小时的效率高。同样的道理,在创业的路上,创业者若没有掌握营销的技巧,一味地瞎努力,结果往往是事倍功半,甚至是付出了十分的努力,也得不到一分的收获。

在本章中,编者将自身在创业中积累的经验、掌握的营销技巧作了系统的整理,并通过通俗易懂的文字和精辟的案例将其传授给广大社交电商创业者,让不管是创业"小白"、还是创业达人的你都能有所收获。

3.1 社交电商创业必备

《西游记》唐僧师徒四人西天取经这个经典故事，想必只要是中国人，闭着眼睛都能说出整个故事的来龙去脉。大家都知道西天取经的过程中，唐僧师徒四人一路降妖伏魔，经历了九九八十一难才取到了真经。

很多创业者都喜欢拿《西游记》来比喻，说创业就好比唐僧西天取经，不是什么都有了才上路，而是上路了才先后遇到了孙悟空、白龙马、猪八戒和沙僧，才组成了一支一路上协助唐僧解除万难的取经团队。创业者们也喜欢把唐三藏、孙悟空、猪八戒、沙和尚和白龙马比喻成"最完美的创业团队组合"，因为他们分工合作，从头到尾一个目标一条心。关于《西游记》，在电视剧里我们看到的唐僧是整个取经团队里最柔弱的一个，经常被各色妖怪拐走，总要靠本领高强的孙悟空去营救。这是荧屏塑造的唐僧形象，但鲜为人知的是，唐僧是这个取经团队里最厉害的领袖兼"活动策划"。西天取经前唐僧要拿到朝廷审批的"签证"才能上路，所以在漫长的等待中他做了不少功课，比如规划取经路线；在短短几个月时间里学会并精通了阗语、焉耆语、楼兰尼雅语、突厥语、梵文等多门外语。除了诵经和外语学习以外，唐僧还刻苦训练体能和精神承受能力，每天给自己安排了跑步、爬山、骑马等高强度的户外练习，刻苦的程度已经到了用"变态"一词来形容的地步。他这一系列的努力都是为了成功取到经文。所以说，取经没那么容易，每一步前行的背后都有充分的准备。

如果要把创业视为"西天取经"，那些想着依靠一份事业成为有钱又有闲的成功人士的草根创业者就必须要摸清：为什么在同样的市场环境下，同样的机遇面前，同时走上了创业的路，有的人屡试屡败，事业怎么都做不起来，投入越多反而亏得越多；而有的人却可以一路开挂，月入斗金，成为人人羡慕的创业达人？他们是怎么做到的？其中的巨大差距是怎么形成的？在创业路上创业者又该如何扮演好"唐僧"的角色？

3.1.1 心态：心态决定成败

社交电商创业大潮当前，创业者的起点基本上都是相同的：都是白手起家，出身背景大同小异，都是没有什么经验的创业"小白"……在这样的创业背景下，想要跑得比别人快并且比别人稳，必须做到"兵马未动，粮草先行；粮草未动，心态先行"。心态首先要好。那些在创业路上可以脱颖而出、一路开挂的创业者，他们十有八九都是在心态上领先一步、赢人三分。

那么，作为一名社交电商创业者或潜在创业者，如何能在心态上赢得先机呢?

1. 定位明确

种瓜得瓜,种豆得豆。你的定位决定着你在创业路上能走多远,也决定着你在创业这条路上能获得多大的成就。

明确的定位很重要!

如果从踏入社交电商这个领域开始,你给自己的定位就是一个业余的创业爱好者,你的目的只是想过一把创业瘾,体验一下创业的滋味;或者只是想随便尝试一下,测验一下自己到底是不是创业的料,一边随时准备放弃,一边又指望着在社交电商创业这条路上取得傲人的成果,这是不太现实的。因为你的定位就相当于"种瓜"却想"得豆",这不是在为难"瓜"吗?相反地,如果你从一开始就明确地把自己定位为一个真正的创业者,一开始就认定了一个清晰的目标:要在社交电商这个领域(一个社交平台或者一个社交项目上)闯出自己的一片天!那么结果一般与期望值不会相差太远。因为当一个人有了明确的定位,不管一路会遇到多少诱惑和阻碍,他都能以创业者的身份和思维去思考,去做每一件事情,自然也就能像《西游记》里的唐僧师徒四人西天取经一样一路打怪升级,一步一步靠近目标。

说得直白一点,一个创业者对自身的定位,其实就是他对一份事业的态度。什么样的态度就会换来什么样的结果。

案例：草根创业者小若的心态转变之路和收获

在创业前期，小若一直抱着试一试的心态，没有明确自己在这项活动中扮演的角色到底是一位消费者还是一位消费商；做过几个微商项目都是投了钱进去能赚就赚，赚不了钱就撤，产品能卖就卖，卖不掉就自己消化掉。用小若的原话来说，前期创业她最大的改变就是变得越来越漂亮了，因为卖不掉的护肤品、化妆品她都用在了自己的身上。她对创业这件事从来没有真正上过心，做起事来更是毫无规范与章程。即便是后来在做一个直销项目的时候投入了7万元"巨资"，她仍然没有把心态端正过来，从头到尾都像无头苍蝇一样瞎忙活，所有投进去的创业资金也如同石沉大海——有去无回。

最可怕的是，面对屡试屡败的创业经历，小若还搞不清状况，她一直认为自己失败的原因是运气不够好、能力不足；殊不知她是输在了从来没有给过自己一个明确的定位上。直到后期，当她决定在某社交电商平台创业的时候，她觉悟了：应该从一开始就将自己当成一位真正的创业者来看待。有了明确的定位，她就时刻把自己放在一个"老板"的位置上，做每件事情都从这个位置出发。比如，她会用"老板"的思维去思考客户的需求，并且结合自己所在城市的消费人群和消费特点去做品牌宣传、产品宣传；她也会以一个市场经营者的目光去发现自身长处和短板，并根据自己的优劣势整理出一套适合自己的营销方法等等。明确的定位让她做事变得井井有条、事半功倍。经过一段时间的沉淀，小若在创业路上的成果也慢慢显现：她渐渐从一个做事无厘头的创业尝试者变成了一个可以看清市场大局、参透各种营销阵营的营销达人，她的客户与日俱增，业绩也蒸蒸日上。

小若创业前期和后期的态度及对应的结果，就是一个创业者在创业中定位模糊与定位明确的差别。

2. 决心坚定

铁杵磨成针，靠的是日积月累的坚持；这种坚持往往源自于一个人坚定的决心。

如果留意过古装电视剧里沙场打仗的桥段，一定会注意到一个细节：任何一支英勇的军队但凡到了快粮尽援绝、必须要一战定生死胜负的境地时，军队的领袖一定会做出一个壮举——让士兵将剩余的粮食全部煮完吃光，甚至还砸锅烧营，目的就是断掉一切后路，让士兵们破釜沉舟，背水一战。创业，也要有破釜沉舟的决心。

我们见过的所有成功的创业者，他们的成功通常不是赌出来的，也不是等出来的，而是逼出来的。从你选择了创业的那一刻开始，你就要想清一些问题：如果你不是富二代，家里没有很多的钱给你去挥霍；你也不是神仙，不会比别人有更多的时间去浪费；那么你就要对自己的选择负责，下定决心做好创业这件事，并且坚定不移地执行下去。

金钱、精力都是创业中的成本，时间则是更大的成本。所以，我们要将所有的成本都投放到最有价值的地方，这个地方就是我们创业要达到的目标。在达到这个目标之前，支撑我们靠近目标的将是我们的决心。一旦上路，我们就必须专注于一个方向，坚定不移地朝着这个方向迈进，风雨无阻。

3. 自信、积极、无畏

社交电商创业最大的特点是"社交"。社交就是与人打交道，与人打交道就意味着会涉及信任问题。但是信任不是一朝一夕就能建立起来的，这个过程是由内到外的修炼，你必须要先相信自己，然后别人才会相信你。在社交电商创业中，自信是必备的心态，也是交际中最基本的要素。

移动互联网时代下的社交电商创业，最忌讳的是不自信，对自己所做的项目或者平台没信心。就比如有的人在一个社交平台创业，在线下向客户做产品宣传的时候表现得很不自信：跟客户交流时说话的声音小得像蚊子叫一样，客户都听不清他在讲什么；或者是当顾客问到产品的特点、产品质量问题的时候表现得吞吞吐吐，畏畏缩缩……种种不自信的表现很容易让客户产生顾虑，就很难在他们心目中建立起对你的信任。所以，在创业中不管是做平台推广还是做产品宣传，一定要时刻保持自信。在与人交流时声音要洪亮，要有底气，要表现得落落大方，就算有些东西你讲错了也没有关系，因为没有人会和你计较。如果一次说错了，那就多找几个客户练手。同一件事情一次做不好，那就做上一百次，总能做好；同一个问题说一次说不清，那就说上一百次，总能说得明白。熟能生巧，练习是最笨但是最有效的办法。没有天生的达人和专家，创业者所表现出来的专业都是千锤百炼的结果。马云就是个最好的例子，他在创建他的电子商业帝国时经过了多少磨炼大家都是有目共睹的。

总之，如果你立志成为一名社交电商创业者，你就要记住一点：自信是一个人的"胆"，有了这个"胆"，你才会在创业路上所向披靡。

除了自信，积极的心态也是社交电商创业成功的关键因素。

积极的心态被定义为成功定律中的黄金法则，可见它的重要性。既然你选择走创业这条路，就要明白：创业的道路不可能一帆风顺，任何一个创业者都难免会碰到一些难题，遇到一些前所未有的挫折。但是无论遇到什么样的困难，我们都要永远看到它的积极面，不要只看它的消极面。就比如一位在某社交电商平台创业的小伙子去做平台推广，谈了十个客户就被九个拒绝了，这个结果看起来很糟糕。这时候，创业者就不要将焦点聚集在被拒绝这个表面的、消极的点上，而是要剖开表层去看到隐藏在拒绝背后的本质——拒绝是成交的开始，被拒绝的次数越多，说明他成交的概率就越大。当你能用这种积极的心态去面对困难和打击的时候，一切难题都会迎刃而解。创业之路是一条神奇的道路，你越是抱着积极的心态往前走，你就会越走越顺；你越是消极地停留在原地踏步，就只会越来越糟糕。

可能还有人会说，我很自信，也拥有积极的心态，可我还是抵挡不住遇到难题时内心的恐惧呀！怎么办？

恐惧，是社交电商创业者在创业早期普遍存在的一种心态。尤其是第一次创业的"小白"，恐惧心理尤为明显。他们总是害怕开口和客户交流，害怕被拒绝，更害怕被拒绝后不知道怎么去调整心态，不知道如何去面对下一波客户。

当一个创业者出现恐惧心理的时候，千万不要纠结，要学会做三件事。

第一，要学会正确看待"恐惧"，并坦诚接纳它。恐惧心理并不是什么可怕的大问题，每一个人在初次接触陌生领域的时候多多少少都会有这种心理。因此，我们不要将所有注意力都集中在"我很害怕"这个问题上，去压制它、抗拒它，我们要做的是学会坦诚接纳它。比如给自己一些心理暗示，告诉自己"我就是害怕！我害怕的同时，别人说不定跟我一样，也在经历着害怕这件事"。所以"我不是一个人在恐惧"，没有什么大不了的。

第二，要找出自己恐惧的根源。每一种心态的产生，都是有源可溯的。比方说，有的创业者在建立社群的时候特别害怕给社群里的伙伴做培训，他恐惧的来源可能是觉得自己口才不好，怕培训做不好被人批评、群友退群；又或许是他的专业知识不够扎实,害怕说错了,误导别人。换句话说,恐惧心理的产生,往往都是源于我们自身的不足,只要找到我们的短板就能找到它的根源。同样的,消除恐惧心理也需要从我们的短板入手。

第三,要找到战胜恐惧的方法。有问题,就一定会有解决问题的方法。战胜恐惧心理最直接有效的办法就是"以毒攻毒"。比如,很多社交电商创业者去线下做地推,特别害怕开口交流,特别害怕自己的意图还没表达出来就把天"聊死"了,后面就不知道怎么接下去了。治疗这种交流恐惧症,突破口就是逼自己踏出第一步,主动与客户进行交流。如果你不知道如何找话题,就根据客户的年龄特点进行切入,投其所好,交流的话题尽可能往客户最关注、最感兴趣的方向带,把主动权握在自己的手里。

无畏者无惧。恐惧的本质是你的内心还不够强大,我们要明白,恐惧如弹簧,你强它就弱,你弱它就强。战胜恐惧心理最好的方法不是逃避,而是直面恐惧,对症下药:怕什么就去面对什么,有错改错,缺啥补啥,没有什么是你跨不过去的。

3.1.2 准备:为创业有备而来

机会从来都青睐于有准备的人!这句话我们并不陌生。但是，现实中人们在面对很多事情的时候往往就像参加马拉松一样：有的人有备而来，有自己的目标规划，有对自己明确的要求，也有充足的赛前准备；但也总有一些人，毫无准备地临时加入，临时想要成功，随时准备被淘汰，随时打算放弃。这种毫无准备却临时想要成功的侥幸心理，我们称之为"人生中最荒谬的成功愿望"，抱有这种心态的人往往很难成就自己。社交电商创业，其实也是一场人与人之间较量实力与耐力的马拉松，要想在这个领域有所作为，我们必须为创业有备而来，在"硬件"和"软件"方面都要做好充足的准备。

1. 心理准备

社交电商创业必备心理：做最充分的准备，做最坏的打算。

女生在化妆前都会先涂抹一些乳霜做打底，以确保整个妆容足够服帖和精致。同样的，在正式踏入创业行列前，创业者也需要一定的心理准备，以确保他们可以从容地应对创业中随时可能出现的"大喜大悲"。

必要的双向心理准备是我们在创业中抗压的缓冲器，能够帮助我们保持平和的心态。

创业，我们既要有能接受功成名就的心理准备；也要有能够承受创业中"可能会受挫""可能要吃好多苦、受很多委屈""可能付出很多努力仍然离成功很遥远"等等非理想结果的心理准备。因为创业路上的成功与失败常常都是相依相存的，有鲜花和掌声的同时，必定也会有白眼和奚落。双向的心理准备可以帮助创业者保持清醒，平衡他们得失成败间悬殊的心理落差。比如，这种心理准备可以让一个创业者在赚到大钱的时候，仍能记得创业的初衷，不至于得意忘形，忘记目标；当他在创业中丢了客户、亏了本、受了挫，也仍能保持平静的心态，不至于灰心丧气，一蹶不振。

无论荣辱成败，双向的心理准备都是创业者创业路上必备的平衡杆。所以，一旦决定创业，你就要先做好双向的心理准备。

2. 基础工作准备

万丈高楼平地起，地基是关键。所以我们建房子一般都要先打地基，然后建框架、砌砖、装修……一步都不能少。社交电商创业前的基础工作准备就像是建房子中的"打地基"，相当重要。房子能建多高，要看地基打得牢不牢固；创业的路走得顺不顺，就要看基础工作准备得充不充足。

那么，参与社交电商创业前需要做哪些基础工作准备呢？

（1）时间准备。时间是创业成本中最大的成本，同时也是决定你在创业中选择哪一种创业形式的重要因素。比如，你现有的空余时间结构决定了你选择全职创业还是兼职创业。又比如，你想报名参加某个创业平台举办的某个营销竞赛活动，这个活动有时间和地点等条件的限制；那么要看如果报了名，你有没有时间去参加这个活动？所有涉及时间因素的问题都要列入创业的考量范围内。

（2）智能手机准备。工欲善其事，必先利其器。目前社交电商的主要载体是与时俱进的移动通信工具，具体地说就是智能手机。因此，要进行社交电商创业，就要准备好最基础的硬件设备——智能手机。智能手机是创业者在社交电商创业中进行线上沟通交流和相关信息传达的重要工具，创业者所准备的智能手机应满足几个基本要求：第一，手机质量要过关。以防使用过程中手机软件经常"掉线"，影响创业活动的正常进行。第二，手机内存要足够大。手机内存大，一方面可以保证有足够的空间储存创业中所需要用到的图片素材或视频短片等等；另一方面可以防止手机使用过程中出现太"卡"的现象，影响操作速度。第三，手机要带双向摄像头。主要是为了满足创业中随时要进行素材拍摄和素材录像的需要。

（3）4G网络、WiFi准备。有了智能手机，当然少不了网络。创业者可以根据自身的需求选择开通价格合理的4G移动网络套餐。如果创业者是在家里或者办公室等场所使用智能手机，也可以根据自身需求开通性价比更高的WiFi，或者直接享用办公区等场所的免费WiFi。具体操作要根据创业者自身的实际需要控制成本，毕竟贵不等于合适。

（4）微信号准备。微信是当前人们社交中最常用的软件。社交电商创业离不开社交，所以微信也是目前创业者必备的社交软件。一旦开始创业，创业者至少要准备一个微信号；如果想快速实现团队裂变的，那就需要开通多个微信号进行协助。

（5）其他协助工具准备。除了微信，其他的社交软件，如

QQ、微博、小红书、抖音、快手等比较流行的,并且可以协助创业者进行社交电商创业引流、产品宣传或平台推广的社交软件,创业者也应该准备几个,以助自己更好地进行创业活动。

此外,社交电商创业过程中经常要进行素材的编辑或美化。因此,创业者还应准备一些适合自己使用的修图软件,如美图秀秀、天天向商、MIX 等,以及视频编辑软件,如简拼、易企秀、VUE 视频相机,等等。

3.2 如何打造一个让人念念不忘的朋友圈

现代人的时间被节奏越来越快的生活分割得七零八落,利用碎片化的休闲时间来刷微博、刷抖音、刷朋友圈变成了大部分人生活中除了吃饭、睡觉以外另一种不可缺少的活动。就连以宿舍群居的学生党,也从以前的每天晚上睡前开一下"夜谈会"变成了现在的睡前必刷一波朋友圈。朋友圈虽然天天刷,但并不是每个人的朋友圈都那么受人待见的。内容消极的朋友圈、暴力刷屏的微商朋友圈就特别遭人反感。但是,作为社交电商创业者,利用朋友圈进行宣传又是必不可少的途径。所以很多社交电商创业者就困惑了:要怎么才能打造出一个既可以达到自己目的,又能让别人喜欢的朋友圈呢?

3.2.1 转发别人的朋友圈是错误的做法

很多社交电商创业者,尤其是刚步入社交电商领域的新人,在朋友圈打造方面特别迷茫:他们不知道怎么发朋友圈才不会被好友屏蔽;不知道发什么内容才会有人气;也不懂得如何借助朋友圈实现引流等营销目的。所以,就有很多创业者错误地认为自己的朋友圈内容发得越多,他们在微信好友的朋友圈里就越有存在感;于是不停地、不经思考地转发别人的朋友圈内容。其实,盲目转发别人的朋友圈一种非常错误的做法。发圈的数量与我们在微信好友朋友圈的存在感并不是成正比的,朋友圈的质量才是保持高存在感的关键。

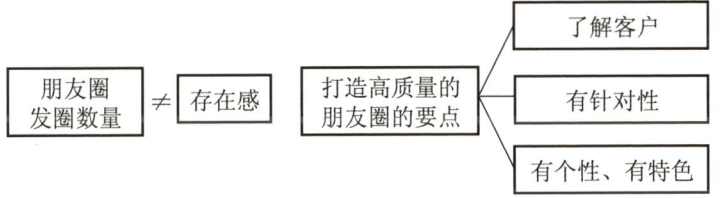

一个备受微信好友关注的朋友圈,一定是一个有活力的、有趣的,并且对微信好友是有价值的朋友圈。我们要打造这样一个高人气、高质量的朋友圈,应先做好三点:第一,了解客户;第二,有针对性;第三,有个性、有特色。

1. 了解客户

如果一个微信好友经常翻看你的朋友圈,他不是对你有意思，就一定是因为你的朋友圈里有吸引他的内容。我们想知道客户喜欢看什么内容就要先去了解对方：走进客户的世界，了解客户的日常，探寻客户内心最需要的是什么。往往与客户所需要的东西相关的内容，就是客户最想看的内容。

了解客户的途径有很多，可以通过经常浏览客户的朋友圈了解客户、通过直接与客户进行线上或线下的互动交流了解客户，或是通过共同好友间接了解客户等等。如果我们面对的是完全陌生的微信好友，在了解对方的时候，建议先浏览客户的朋友圈内容，对客户有个初步的了解，然后再根据我们在对方朋友圈了解到的基本情况作为导线，与客户进行线上沟通，或者线下与客户面对面进行交流，进一步深入了解客户的性格特点、客户的关注重心、客户的消费习惯……只有对客户有了较全面的、较深刻的了解，我们才能知道客户需要的是什么，他们想看的内容是什么。

2. 有针对性

盲目转发别人的朋友圈之所以是错误的做法，是因为我们在转发别人的朋友圈内容的时候没有针对性、没有着重点。别人的朋友圈内容或许看起来很不错，但可能与你的客户群体不相符，或者与你推广的方向不相符。这时候如果我们不作区别地大量转发别人的朋友圈内容，不仅增强不了微信好友的关注度，反而会很容易变成暴力刷屏行为，招来客户的厌烦、反感，客户忍无可忍，不屏蔽拉黑你才怪。

俗话"打蛇打七寸",强调的是精准性。我们发朋友圈也一定要有针对性地发,每一条都精准才能起到事半功倍的效果。我们可根据客户群体的特点、创业推广的着重点(零售或分享平台),或者主推的产品类型等找出一条发朋友圈的主线,然后所有的朋友圈内容都有针对性地围绕着这条主线来发布。

当你懂得了有针对性的发朋友圈的时候,还要懂得借助微信上已有的工具,使自己发圈的成效更高。例如学会使用 @ 工具,@ 这个功能并不是只有在群里聊天的时候才能发挥作用,如果在发朋友圈的时候用好这个功能,也能起到非常好的效果。建议大家平时要养成将微信好友分组的习惯,做好标签。这样你在发特定的内容给特定的人看的时候,就可以根据分组的标签 @ 特定的人。无论是单独 @ 一个好友,还是 @ 同一个分组的好友,都能起到一种效果:就是让被 @ 的人感受到一种受重视、受特别对待的感觉。这对于培养客户的信任感非常有效。

3. 有个性、有特色

人如其字,准确地说不仅仅是指我们写出来的字的形态与我们的性格特点密切相关,还指我们所有用文字表达思想的形式也与我们的人格特质密不可分。

朋友圈作为我们传达信息、表达内心想法的重要媒介,我们在朋友圈里写的每一个字都在向阅读者展示着我们的个性和魅力。因此,我们的朋友圈一定要有自己的特色,有自己的个性和专属的风格。比如你是个文艺青年,你的文字偏文艺范,那么你的朋友圈就按照你最擅长的文艺风格来写;如果你是个欢乐青年,你的风格属诙谐风,那么你的朋友圈就主打诙谐幽默的格调……朋友圈的风格尽量根据我们的个人特点来打造,不必盲目跟风。因为只有最贴近你本人风格的朋友圈内容才是最真诚、最接地气的。真诚、有个性、有特点的朋友圈才有其独一无二的价值,也才能更容易被客户接受、喜欢并且记住。

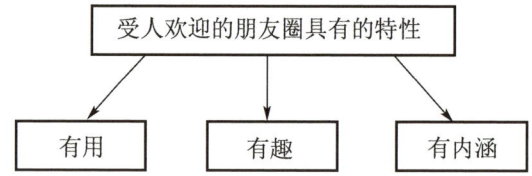

3.2.2 有用:客户想看什么,我们就发什么

随着社交电商的大火,网络上流传的打造朋友圈的"秘诀"五花八门,但依然有不少的社交电商创业者频频发问——为什么看过那么多打造朋友圈的"绝招",我仍然发不好朋友圈?当你发出这样的疑问的时候,你先问自己一个问题:你把自己代入客户的角色去翻看你的朋友圈,你所发布的朋友圈内容真的是你想看的吗?当你学会换位思考,学会站在客户角度去看你的朋友圈的时候,你就知道你为什么发不好朋友圈了。很多人发朋友圈,都是站在自己的角度,以"我认为这样的内

容很好"的态度去发的,却不在意客户需要什么,客户感兴趣的是什么。

所以,我们应该以客户的需求作为打造朋友圈的出发点:客户想看什么内容,我们就发什么。当然,这一点仍然是建立在"了解客户"的基础上进行的。客户爱看的朋友圈内容一般都遵循着一定的规律。

1. 规律一:你的朋友圈能够帮助客户解决实际问题

案例:地推大叔的"专家"效应

某社交电商平台有一位出名的地推大叔,他的专长是做线下推广。这位地推大叔60多岁了,是一名有多年实体店老板经验的社交电商达人。经过长期的实践、探索和研究,他已经形成了一套高效的地推引流方法。地推大叔经常会在自己的朋友圈分享一些地推心得,为微信好友中的创业者提供日常地推中会遇到的各种"疑难杂症"的解决办法。结果,很多创业型的客户都习惯性地、经常地浏览地推大叔的朋友圈,从中寻找自己想要的答案或建议。长此以往,微信好友都把他的朋友圈当成获取地推诀窍的宝库。一些创业新手还专门将他的微信置顶,就是想着第一时间能看到他的朋友圈动态。

事实上,无论是在我们的身边,还是在电视上、网络上,我们都经常会看到:在某一个领域里,一些专业人士或专家说一句话胜过我们说一百句。为什么呢?因为人家专业,说出来的话权威，能够真正帮助观众解决实际的问题和困扰。所以比起普通人，人们更喜欢和专业人士打交道，从他们的身上获得最权威的建议，来解决自己遇到的问题。一个创业者如果想要自己的朋友圈赢得足够的关注，同样需要塑造一个专业形象；也要像专业人士一样，发的朋友圈数量不用很多，但要有分量，有分量的朋友圈内容发一条抵得上发十条。

为此，我们首先要努力把自己打造成某个领域的专家，潜心研究透这个领域，然后把我们掌握的专业知识通过朋友圈发布的形式向客户展示，为客户解答实际的问题。

俗话说，三百六十行，行行出状元。在任何一个领域，你都可以把自己打造成专家，并且用专业的知识和形象赢取关注。例如你在美容护肤方面比较在行，你就把自己打造成美容护肤的专家，为客户解答在美容护肤中遇到的问题；如果你是营销达人，就把营销优势转化成专业的技能，多给客户提供营销干货……你能帮助客户解决哪个领域的实际问题，客户就会把你当成这个领域的专家，你的朋友圈就会自然而然地被客户视作这个领域的教科书，遇到问题也会第一时间浏览你的朋友圈或者直接找你求助。

一个能够帮客户解决实际问题的朋友圈，它的前提是专业、有说服力，让客户认可、信服。

2. 规律二：你的朋友圈能够持续为客户提供价值

案例：当红小花旦林允和她的"种草"基地

因参演周星驰的电影《美人鱼》而一炮走红的小花旦林允被网友们称为"行走的种草机"。她的热度持续在线，不止是因为她有着精湛的演技，还与她热衷于在"小红书"持续与大众分享护肤变美的实用小技巧、推荐自己亲自用过且好用的平民产品有关。在"小红书"里，林允不会刻意地去为某个品牌打广告，而会以一个普通消费者的身份给大家分享有价值、有益的东西和小知识。对于她这种站在平民角度分享的行为，人们的好感度就会非常高的。据"小红书"的数据显示，林允在该平台上收获的粉丝就将近一千万，并且大部分粉丝都是冲着她的分享来的。她的每一条分享阅读量都几乎过万，而被她的分享不经意带火的品牌商品更是数不胜数。林允才是娱乐圈里名副其实的"带货女王"。

现如今，很多人对借助社交软件推销商品的行为印象都不太好，也不喜欢广告式的朋友圈内容；但人们并不反感你在朋友圈、小红书、抖音等社交软件上分享对他们有用的东西时不经意间带出一些商品的行为。不仅不会反感，如果你的分享让他感到有价值的话，他还乐意去试一试这些商品。

说白了，社交电商就是以客户获益作为基本原则的。朋友圈是社交电商的一部分，它的内容要得到客户的认可和关注，必然也是以为客户提供价值作为基本的原则之一。我们通过朋友圈为客户提供的价值一般分为无形的价值和有形的价值。

无形的价值，通常是指精神层面的价值。例如对客户的日常生活有用的小知识、小常识、社会新闻，以及与平民百姓息息相关的社会政策等等；又或是对客户能起到激励作用的心灵鸡汤，使客户身心得到放松的幽默笑话、有趣游戏，等等。我们在发朋友圈的时候，持续并适量地发布上述的各种无形价值，能够丰富朋友圈内容，增加朋友圈活力，提升客户的关注度，促使客户从你的朋友圈不断地挖掘他们想要的价值。

有形的价值是客户能够看得到摸得着的价值。例如某个用户用了某款养生产品有了不错的效果；某位意向客户加入某个创业平台赚取到了收益；某位女性客户使用了某个人传授的护肤方法后肤质得到了很大的改善等等，诸如此类的价值都是有形的价值。我们在为客户提供有形价值时，免不了会涉及一些产品。在谈及产品的时候，不要"王婆卖瓜，自卖自夸"，应学会借助用户的嘴巴说有效的话，用产品的真实效果来说话。朋友圈营销的内容都应选择更优的表现方式：例如多晒客户的体验反馈，多发产品的生产细节和产品的检验测试视频……尽可能利用细节打动客户、用用户的反馈内容来增强说服力，凸显朋友圈内容的价值。另外，朋友圈的素材拍摄（包括反馈的配图）应尽量使用清晰的原图，要看起来真实、生动、有营销效果，让客户看一眼就能产生想试用的欲望。

3.2.3 有趣：打造一个让客户记住你的朋友圈

互联网的高速发展，让人们的生活节奏越来越快，具体表现为各种设备和软件更新换代的速度更快了，各类活动的进程增速了，而人的心也变得更急躁了。在人们的耐性逐渐减弱的趋势下，"抢夺"用户的碎片化空闲时间，成为社交电商们获取商机的重要举动。发朋友圈，当然也要跟得上节奏：发圈的内容要够精，更要够吸睛，最好是能做到让客户看一眼就移不开眼睛，想迫不及待往下看。那怎么才能打造出一个极具吸引力并且让客户印象深刻的朋友圈呢？

1. 内容精简，满足现代人的"求简"心理

现代人碎片化的时间特性决定了他浏览各种社交软件可以在任何场景下进行。对方打开你朋友圈的那一刻，可能是在搭乘电梯的几十秒里，可能是在等车的时间间隙里，可能是在开会的会间稍息时……他们捕获各种信息的时间是非常少的，因此就形成了一种求精求简的行为模式：越是精简的内容越容易博得人们的喜爱。

社交电商创业者在打造朋友圈的时候也应顺应着这种行为模式——能用短视频发布的内容尽量不要用文字去表达。因为同样的内容如果用短视频展示，会比用文字展示更加直观，对用户来说观看起来更省心省事，符合了用户"求简"的心理。

如果朋友圈内容实在要用图文发布的时候，能用 5 个字表达清楚的内容就不要用 10 个字去描述，能精简尽量精简，尽可能地把每一条朋友圈浓缩成精华呈现给用户。篇幅太长的朋友圈内容，用户疲于翻阅，就算你写得再精彩也不如三五个字就把核心内容说出来的效果好。

2. 有创意，有悬念，有惊喜

案例：某品牌营销官朋友圈的自编版"电视剧续集"

会讲故事的创业者是人才，会做"编剧"的创业者是怪才！

2018 年，火遍全网的宫廷剧《延禧攻略》带红了一大批演员，也意外带火了一个过去没什么知名度的品牌面膜——维某丝黑膜。该品牌的营销官追完《延禧攻略》这部宫廷剧后，一时心血来潮截了几张剧照图，编了一组以他正在搞活动的一款面膜为主线的趣味电视剧续集。本来只是发到朋友圈闹着玩的，没想到吸引了一大批微信好友围观，大家纷纷转发。这波操作竟然让这款面膜的销量在短时间内意外增长了近三成。不少看了一组续集还觉得不够过瘾的好友还在他的朋友圈留言，表示期待能够再来一波更有趣的续集。

▲某品牌营销官观看宫廷剧《延禧攻略》后自编的趣味续集局部

互联网将人和人之间的距离、人与世界的距离缩短了，人们获取信息的途径越来越多，也越来越方便。现在，任何一个人只要打开手机，足不出户就能知道外面的世界发生了什么。但是，只要一打开朋友圈，你就会发现"好看的朋友圈千篇一律，有趣的朋友圈万里挑一"。很多人的朋友圈内容都是雷同的。特别是同城的朋友圈，常常出现同款甚至爆款。不信你打开朋友圈看看，只要同一时间段里某地下了暴雨、下了冰雹，室外的雨啊、冰雹啊都还没停，朋友圈就已经成了重灾区。于是有人一针见血："外面狂风暴雨，朋友圈各种大雨，这就是互联网思维所说的'线上线下同步进行'。"这个概述可以说很"互联网"了。

那么重点也来了，内容雷同或手法雷同的朋友圈容易让人阅览疲劳，看多几条就不想再看了，还哪里来的吸引力？

这时候，就是你注入新鲜的血液的时候了。你不妨想象一下，在一片雷同的朋友圈中，你发了一条又有创意，又有看头的朋友圈，一下子就突出了，别人想不注意到你都不行。那如何才能写出有创意、有悬念、有惊喜的朋友圈内容呢？——多关注社会热点，学会适当蹭热点的热度，并学会在大众都关注的热点中逆向注入自己独特的想法和创意。

上述借助热播电视剧进行连载剧情设定就是一种方式，因为连载的剧情会有一个悬念在那里，客户一旦阅览了连载内容的前面部分，为了获知后续的情节发展，他就会一直关注你的朋友圈。另外一种另类的方式也值得大家参考一下。

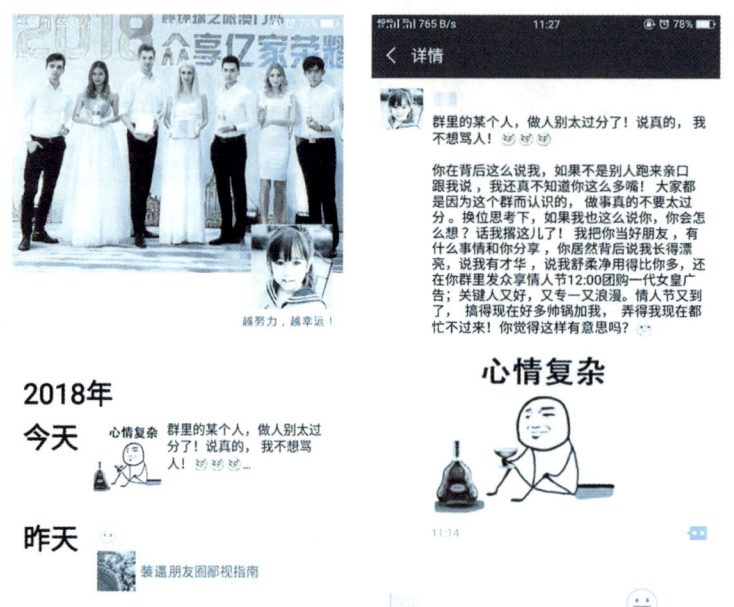

▲ 某社交电商平台创业者的朋友圈截图（1）

▲ 某社交电商平台创业者的朋友圈截图（2）

出乎预料的内容往往能让人印象深刻。就好比我们去电影院看电影，如果一部电影情节平平，特效一般，看了开头就能猜到结局，那么这部电影给我们的印象也只会像它的情节一样"平平"，看完很快就忘了。如果一部电影的结局很清奇，前半部分的情节和最终的结局有落差感，完全出乎观众的预料，那么观众对它的印象就会完全不一样了。

打造朋友圈同样如此，偶尔发几条画风清奇的朋友圈：要有情节的跌宕起伏，要有惊喜的内容呈现，这样才会制造出不可预期的效果，让客户印象深刻。就像以上截图的朋友圈内容，前面部分制造了一种紧张感、期待感，让人忍不住去猜测，想知道结果是什么。但是当我们点开以后，就会发现——咦，原来结果和我们预期的不一样！会有一种豁然开朗的轻松感、小惊喜。这样清新脱俗的朋友圈即使有时候穿插了一些软广告，客户也乐意去点击浏览。

3.2.4 有内涵：朋友圈内容直击用户的灵魂深处

案例：深入人心的走心派"江小白"

坚守"简单、纯粹"理念的白酒品牌江小白近年来一直以"走心派"的形象不断地出现在大众的视线里。江小白从产品的包装到品牌价值观，无处不在倡导"简单、纯粹"。它提倡年轻人直面青春的情绪，不回避，不惧怕，回归现实，真心交流，并且以戳人心窝的"走心"软文与消费者进行情绪连接，赢得了广大青年消费者的喜爱。凭借着独特的品牌主张和情怀输出，"江小白精神"已经渗透进21世纪的现代青年生活的方方面面，并繁衍出江小白式的"约酒文化"。随着时间的发酵，江小白"简单、纯粹"的品牌形象已经演变为具备自传播能力的文化IP，越来越多人愿意借"江小白"来抒发和表达自己。

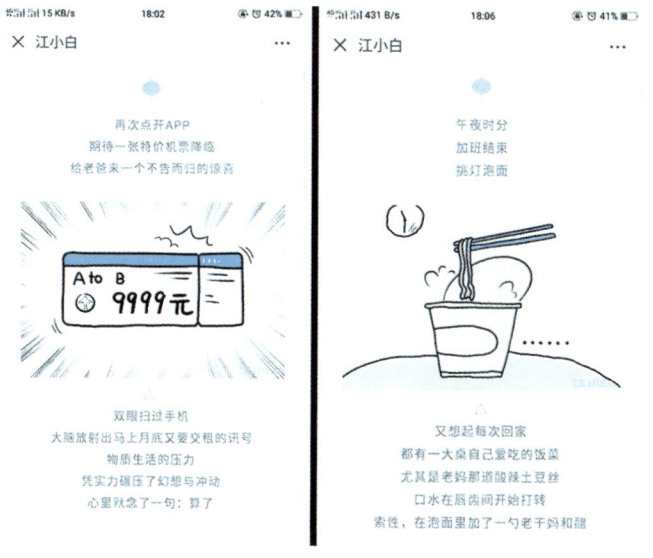

▲ "江小白"在某传统节日发布的微信公众号软文局部截图

▲ "江小白"品牌宣传"走心"文案局部

在这个复杂的世界里，需要一点简单和纯粹。江小白的成功在于抓住了现代年轻人善于用复杂的面具掩盖自己软肋的共点，直击消费群体的灵魂深处，激发人性的共情需求。

什么是"共情需求"？简单理解就是"我们希望体会与他人一样的生活和感受"的心理需求，一种同感需求。就拿上述"江小白"在某传统节日发布的微信公众号软文来说，简单的几行文字，就将一个在外打拼的年轻人佳节期间"想回家"，却承受着现实压力的无奈和心酸展现得淋漓尽致，瞬间就击中了千千万万在外打拼年轻人内心最柔软的部位，从而激发强烈的共鸣，让阅览者觉得这个"故事"就是在写自己。

其实类似这种激发人性共情需求的手法在很多电影或电视作品中经常看到，比如2018年口碑极佳的国产电影《我不是药神》，又如2019年春节上映的国产科幻电影《流浪地球》。这类电影之所以备受大众关注，除了题材贴近老百姓的真实生活以外，还因为它展现了特定环境下一种人性的光辉。电影情节中丝丝入扣的"情"——不管是在利益和绝望面前所显露的"人情"，还是在面对生离死别时绽放出来的"家园之情"，都能让观众动容，从而产生强烈的共鸣。人是神奇的动物，越是能撩动自己情绪的东西，越是喜欢关注。

所以，无论是走心的"江小白"，还是用心出品的国产电影代表，所有这类成功的案例都可以作为我们打造朋友圈的借鉴模版。作为一名社交电商创业者，你的朋友圈内容不能过于单一，更不应该只有营销的内容模块。内容丰富的朋友圈才能获取更多、更持久的关注度。因此，在打造朋友圈时，社交电商创业者不妨多融入一些能激发老百姓共情需求的走心内容，用一些有内涵的小故事或者小案例诉说情怀，用"共鸣"吸引关注。

另外，社交电商创业者应学会灵活运用"二八定律"，即花20%的时间打造朋友圈，花80%的时间用来与客户沟通。因为高质量的朋友圈可以吸引流量，但有效的沟通才能带来高转化率。

3.3 高效引流知道多少

时代的发展往往是机遇与挑战共存的。回观互联网的发展，虽然它给我们带来了很多前所未有的机遇和便利，但也伴随着许多未曾遇到过的问题。就当前处于时代风口的社交电商而言，因为早期各种监管的不到位，各种乱象冲刷着人们的信用底线，导致了当前的"狼来了"现象：人们被前期的乱象扰乱了判断的天平，对社交电商产生了怀疑，难以再相信这种不断优化的商业模式。这就使得现在从事社交电商的创业者引流越来越困难。面对这个让人"头大"的难题，作为社交电商创业者,我们又该如何打破人们的信任壁垒,让引流变得高效又简单呢?

3.3.1 懂得科学制定引流目标非常关键

案例:长跑黑马带来的启示

在体育界,有一个关于长跑黑马的故事,它一直被人们作为制定学业计划或事业计划时的经典参考。故事的主人公叫山田本一,他曾是日本一名名不见经传的马拉松运动员,但他却出乎意料地在1984年和1986年夺得了国际马拉松比赛的世界冠军,成为马拉松赛场上一匹名副其实的黑马。有记者曾追问山田本一是凭什么取得如此惊人的成绩,他只是含笑用一句"凭智慧战胜对手"回应记者。山田本一谜一样的回答将他的夺冠秘诀封存了起来。直到10年后,山田本一才在他的自传中揭开了谜底:原来,在每次比赛之前,山田本一都会乘车把比赛的线路仔细地看一遍,并把沿途比较醒目的标志画下来,比如第一个标志是银行,第二个标志是一棵大树……这样一直画到赛程的终点。比赛开始后,他就以百米冲刺的速度奋力向第一个目标冲去,等到达第一个目标后,他又以同样的速度向第二个目标冲去。就这样,40多公里的赛程被他分解成几个小目标轻松地跑完了。然而在此之前，山田本一也和其他的选手一样，直接把目标定在了终点线上，结果就是他跑了十几公里就已经疲惫不堪了，因为他早已被前面那段遥远的路吓倒了。

社交电商创业者在创业过程中所参与的许多营销活动，无疑也是商业界的一场持续的马拉松竞赛。在这些活动中，如何有效地制定清晰的目标相当重要。尤其是在抢夺流量的角逐中，如果创业者没有明确的引流目标作为指引，或者制定的目标过大，都很容易在引流的路上迷失方向。

引流是一项持续性的营销活动，其主要目的是实现裂变和变现。然而裂变和变现都需要一个过程，并非能一蹴而就。这就需要有明确的引流目标指引创业者前行，并且创业者要懂得像马拉松选手山田本一样，将制定的大目标进行分解——分割成几个或几十个自己踮踮脚就能够得着的小目标，然后逐个突破。只要分阶段地去执行，将每个小目标认真完成，那么就能轻松实现大目标。

案例：丘哥凭什么 6 个月就实现 10 万 + 流量裂变

在某社交电商平台有一个人称丘哥的草根创业者，他的事迹近一年来常常被同平台的创业者当成范本来传颂，因为他只花了 6 个月不到的时间就实现了创业团队 10 万规模的裂变，堪称传奇。在社交电商创业这条路上，丘哥没有什么特别厉害的秘诀，但是他很会用科学的方法完成目标。就拿引流来说，他在制定引流目标的时候就把要完成 10 万流量裂变的任务安排得明明白白：他先把10万的目标分摊到6个月里去实现，每个月大概引流16000多人，然后他再把每个月16000多人的目标细分到每一周、每一天去完成，于是他的目标感就非常清晰了。例如，他会要求自己第一天在线上引流20人，去线下地推再引流30人。当第一天的目标完成后，他发现这个小目标不难实现，信心倍增；于是他在第二天的新目标上增加了难度，引流的目标人数增加了十几二十个……延续这个动作，他每天都有新突破。当引流的人数达到一定量的时候，丘哥就借助现有人员转介绍等方法协助引流，帮助他更快捷地实现自己的细化目标。以这种分步执行的方式，丘哥在实现自己定下的10万流量裂变的大目标时就显得不那么吃力，每一个明明白白的数据都能让他每天产生新的拼搏动力。

将引流目标细分化、清晰化、具体化，可以激发创业者的潜能。这是因为当我们的目标被清晰地分解以后，目标的激励作用就显现了。上述丘哥的案例中，当他实现了一个目标的时候，他就及时地得到了一个正面的激励，这种激励对于培养创业者挑战目标的信心作用是非常巨大的。

在实现引流目标的过程中我们要记住一句话：阶段性目标的达成就是成功！要懂得将引流的目标进行规划分解、不断细化，再阶段性地去达成它。

3.3.2 活用引流万能公式

在引流的路上,你是否存在这样的困扰:总觉得引流是一个大难题,一碰到引流方面的问题就束手无策?

实际上,引流是一件非常简单的事情。如果我们能够灵活地运用引流中的万能公式,一切难题都可以迎刃而解。

> **引流万能公式:解决痛点 + 满足需求 + 提供价值**

任何时候,任何一项卓见成效的营销活动都离不开一个重要的因素——"利他"。创业者在引流的过程中只要能够抓住"解决客户痛点,满足客户需求,为客户提供价值"这三个"利他"的核心点,那么他在引流这条路上将得心应手。

1. 解决客户痛点

案例:海底捞极致服务的背后是对客户痛点的洞悉

作为火锅行业里的龙头老大,海底捞早在 2012 年就已经把火锅生意做到了海外。从 1994 年只有四张桌子的麻辣烫小店起步,到如今叱咤海内外餐饮市场的行业大佬,海底捞一直被模仿却从来未被超越。

众所周知,海底捞的特色除了可以作为核心竞争力立身于市场的员工激励体系以外,它的极致服务也是同行无人能及的。有去过海底捞消费的人都能体验到海底捞员工的似火热情：比如你一家三口去海底捞吃饭，服务员会一会儿帮你下个菜，一会儿帮你添杯饮料，一会儿给你递条冰毛巾……小孩要是哭闹，服务员还会主动帮你逗乐小孩，好让你能安心吃饭。再比如由于生意火爆，有时候食客即使已经提前在网上预约订位了，但也很难避免到了门店还要排长龙等座的情况。为了减轻甚至消除客户在漫长等待中可能产生的消极情绪，海底捞推出了类似免费美甲、免费刷皮鞋等服务，有时还会有折星星比赛、即兴表演等等。

一系列带有"利他"基因的服务都是海底捞独有的特色，而这些极致服务的背后隐藏着海底捞对客户痛点的洞悉。就以顾客排长龙等座这个举动为例，每个顾客心里一定都会有"快点轮到自己""快点吃上热乎乎的火锅"的渴望，但这个渴望由于就餐人数太多这个事实而不能及时得到满足，这时候顾客心里肯定是很烦躁的。这就是客户的痛点之一。海底捞对这个痛点的把控是很准的，所以就有了提供一系列免费服务或表演作为解决客户痛点的对策。

痛点这个词你一定不陌生。在营销活动中，客户痛点是指客户在体验产品或者体验服务过程中原本的期望没有得到满足而造成的心理落差或者不满；这种心理落差和不满最终在客户的心智模式中形成负面情绪爆发，让客户感觉到"痛"。做个简单的比喻：有的人想减肥，想瘦个20斤，就去买一些减肥的口服产品来吃；结果吃完了没什么效果，瘦不下来。"减肥""想瘦"就是客户的需求，"没效果，瘦不下来"就是客户的痛点。在引流活动中，创业者要善于挖掘客户的痛点并解决它。

当然，客户的痛点并不是一成不变的，它需要我们不断地去挖掘。这是由于客户的需求和行业都在不断地变化，在过去被人们认为是痛点的东西，到了当下可能就不再是痛点了。如果当别的平台或者别的平台创业者还沉浸在过去的客户痛点中，而你已经在挖掘新的客户痛点，那么你就可以先人一步抓住机会。

挖掘客户痛点的途径有很多，以下列举几个最常用的方法。

（1）通过数据的收集、分析来挖掘客户的痛点。

数据是判断事物最客观的依据。通过数据的收集和分析来挖掘客户的痛点具有更强的客观性和真实性。

此前就有创业者为了了解客户对某购物创业平台上的某款

护肤产品存在哪些痛点，专门在该款产品的用户评论区收集用户的差评。这些用户差评其实就是用户对产品有需求，但又得不到满足的痛点。社交电商创业者在挖掘客户痛点的时候，运用这种收集用户差评的方式来达到目的也不失为一种好办法。

例如：创业者可以在一些社群里记录下用户对某些产品、某项服务的抱怨或吐槽的频率，并通过数据的对比分析来判断客户的痛点集中在哪里，再针对性地通过一些产品使用方法的改进或某项服务质量的提升等方式来有效地解决客户的痛点。

（2）通过主动调研挖掘客户的痛点。

通过书面调研的方式来了解客户的满意度是不少传统企业喜欢干的事情。在社交电商创业过程中，创业者也可以通过主动调研的方式去挖掘客户的痛点。调研的方式以直观、简单、便捷为主。例如某社交电商平台有一位创业者就利用了电子调查问卷的形式去了解客户的痛点。这位创业者在问卷中列举了几个平时她在营销活动中最常见的问题并发到社群里，再通过社群里客户的回复来总结客户痛点，然后再针对客户不同的痛点拟出不同的解决方案和改进方案。

（3）直接与客户面对面进行交流，通过询问客户意见的方式挖掘客户痛点。

人是社交电商创业活动的主体，也是所有营销活动的中心。创业者所需要解决的营销问题都离不开人这个主体。也就是说，创业者挖掘客户痛点最短的捷径就是直接对接主体——与客户面对面进行交流,通过询问客户意见的方式挖掘客户的痛点。客户的意见就包含着客户的各种痛点,创业者需要对客户的意见进行提炼,并根据提炼出来的核心问题制定对应的解决方案。

一般来说,创业者与客户一对一进行深度沟通的效果会比较好,因为客户对某平台或者某平台上的产品的体验感都会通过近距离的交流真实、直观地展现出来。另外,一对一的沟通方式能够让创业者的注意力更加集中于客户的感官表现,更利于通过客户微妙的感观变化捕捉重要的信息点。

(4)通过观察客户的日常行为细节来挖掘客户的痛点。

越是细节的事情,越是容易被人忽略,但细节的事情往往能够反映客户的关注点。以宝妈消费者为例,她们作为一个特定的消费群体存在时,在日常的消费活动中可能更关注的是产品的安全性、产品使用的便捷性和产品的性价比等等,这些关注点往往会在她们消费行为的细节中表现出来,或者通过她们在朋友圈里发布的信息展现出来。这些关注点有可能就是客户的痛点。创业者在挖掘客户痛点的时候应多留意观察客户的日常行为细节,学会从细节中挖掘客户的痛点。

2. 满足客户需求

案例:登山者的"两性"需求

有一名游客去登玉龙雪山,快到山顶的时候由于高原反应,他呼吸困难,需要一瓶氧气来缓解高反带来的痛苦。这时候附近有个小卖部刚好有灌装的氧气瓶出售,价格还相当高。但是这位登山者实在太难受了，氧气瓶再贵他也毫不犹豫地掏钱买了一瓶。当他通过吸氧消除了高反导致的呼吸困难症状以后，这位游客继续往上爬。爬到山的最顶端时，这位登山者又发现山顶有一个视野非常好的观景台，在观景台上拍照特别美，但是需要收费20元一位。他觉得收费太贵了，没必要为了拍几张照片而花这笔钱，反正在观景台旁边拍照留念也是挺好的。

对于这名登山者来说，氧气瓶是他的刚性需求，这个需求是由他缺氧引起"呼吸困难"这个痛点产生的，如果不买他就要继续忍受高反带来的痛苦，所以这个需求他不得不满足。但是观景台的收费拍照，不花钱也不会影响到登山者后续的计划或行动，所以这个需求对于登山者来说是源于主观选择的非刚性需求。这个需求需不需要满足，更多的是取决于登山者的主观判断，以及观景台工作人员的引导。

在现实中我们会发现，很多创业者会把客户的痛点与客户的需求混为一谈，以为这两者就是同一个东西。然而事实上，客户痛点未必就是客户的需求。客户痛点是我们发现客户需求的第一步，但痛点并不完全等于需求。客户的痛点只是客户需求的来源之一。在满足客户需求之前，创业者一定要先弄明白什么是客户需求，客户需求来源于哪里。

总的来说，客户需求的来源有两种，一种是来源于客户的痛点，另一种是来源于客户的兴奋点。来源于客户痛点的需求一般为刚性需求，而来源于客户兴奋点的需求则多为非刚性需求。

在引流中，创业者应优先挖掘、优先满足客户的刚性需求。比如婴儿长身体需要吃奶粉，女性来月例需要用卫生巾，全职宝妈没有收入需要赚钱养家等等这些都是客户的刚性需求。创业者优先满足了宝妈消费者、女性消费者的这类刚性需求以后，再去挖掘并满足她们由兴奋点产生的非刚性需求。比如小朋友长大了需要玩玩具，女孩子爱美需要护肤、化妆，全职宝妈有了一定收入以后想去旅游、交更多的朋友等等，这些都是客户的非刚性需求，同样需要创业者一点点地进行挖掘并且满足他们。

值得创业者注意的是，对于客户的非刚性需求，创业者应注重"引导"，而非"满足"，为什么呢？

举个例子，有个客户走进了一家卖电器的商店，本来打算买一个空调扇，但是转了一圈发现整个店铺里都没有空调扇，就准备转身走人了。这时候店员刚好走过来，客户就把自己的需求告诉了店员。店员并没有像很多店铺的销售员那样直接说"不好意思，我们店里没有这个商品，要不你去其他地方看看吧"，而是引导客户去了解另一款产品。他跟客户说："现在已经立秋了，热不了几天了，空调扇那个东西天冷了不用占位置，不如看一下我们的冷暖空调，带保湿功能，现在是淡季，可以打6折。"客户听了店员对冷暖空调的一番介绍后，结果买了一台空调回家。

在这个案例中，客户的实际需求其实不是空调扇，而是一个能让他不热的物品，空调扇只是客户脑子里最先冒出来的产品。电器商店的店员并不能满足客户想买空调扇的需求，但是他通过沟通很快就了解了客户的原始需求，并且通过引导给了客户一个更好的方案，最终达到了销售的目的。所以，当创业者初步了解了客户的非刚性需求方向后，应主动介入，帮助客户分析情况、理清思路，明确其真正的需求，再引导客户去满足他的需求。

我们之所以要研究并引导客户的需求，是因为很多客户本身并不是非常清楚自己的真实需求，往往只是一个简单的、客观的判断。当然了，在引导客户的非刚性需求时，创业者一定要确保自己的产品或者服务最终是能够满足客户的需求，并且在沟通的时候一定要站在实事求是的基础上，从专业的角度去做客观、理性的需求分析，让客户能够充分感受到你的引导确实是有理有据的，而且是从他的立场出发的。

3. 为客户提供价值

经过长期的实践和研究，我们总结出一个引流规律，并将其命名为"吸粉三部曲"。

"吸粉三部曲"实际是引流万能公式的具体化。在此规律中，"你要卖的是什么产品"决定了"你能解决客户什么样的痛点"；"你能满足客户哪方面的需求"决定了"你的客户群体或者你的目标群体在哪里"。但是不管你的出发点是什么，要赢得客户的最终信任、将客户拿下，最关键的还是"你为客户提供了什么样的价值"。

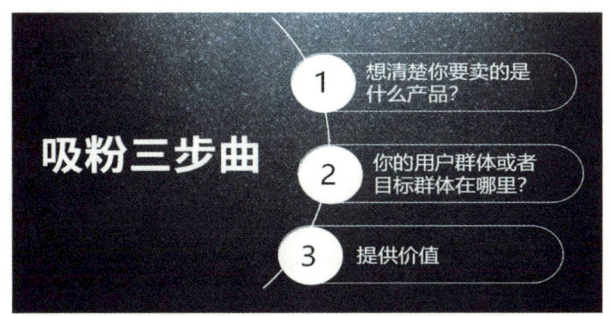

社交电商创业者在引流时经常会遇到一些相似的问题，比如：你加了意向客户的微信，或者已经将对方拉进了自己创建的社群里，但是意向客户就是不理你，动不动就将你屏蔽拉黑或者直接退群。其实以上种种问题的出现，都是因为你给客户输送的价值没有到位。客户在你这里得不到好处，所以他觉得理你是浪费时间，待在群里是浪费手机流量、浪费内存。所以，要彻底解决这类问题，社交电商创业者就要懂得如何为客户提供价值，让客户舍不得"走"。

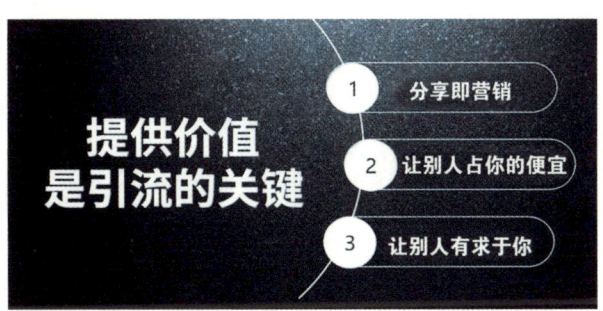

那应该怎么做呢？

第一，懂得分享。分享即营销，你要懂得将你所知道的有用的知识、有用的技能分享给别人。比如，你知道怎么样的护肤手法对淡化细纹最有帮助，就在朋友圈、在社群里分享给别人；你知道一些实用的销售技巧，大方地分享给别人，别人觉得你是一个热心肠、有内涵、有料的人，就会愿意追随你，或者愿意和你达成交易。下面这个案例给大家参考一下：

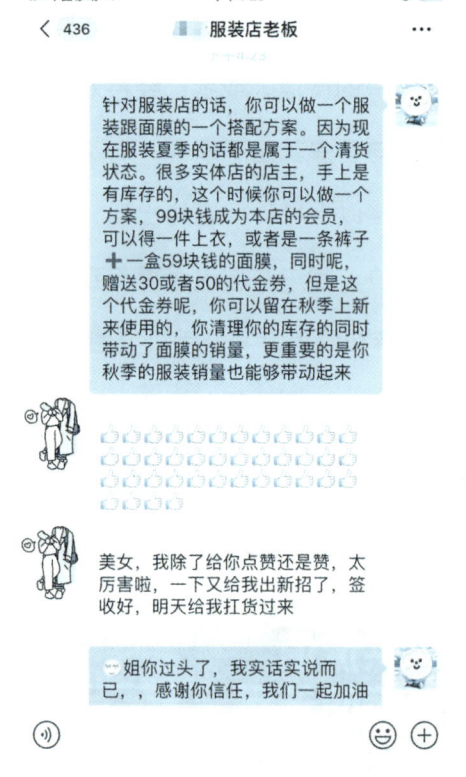

▲一位社交电商创业者给她的客户分享产品搭配促销方案

第二，学会让别人占你的"便宜"。千万不要觉得让别人占便宜自己就亏了，吃小亏其实是在占大便宜。所以，让别人占便宜也是一门学问。比如偶尔给意向客户发个小红包；力所能及地帮别人解决一些燃眉之急的难题；别人在你这里买了东西，就适当赠送对方一些小物品等等。让意向客户一方面觉得你的人品不错，对你产生信任感；另一方面是利用人性的弱点（拿人手短，吃人嘴软），让对方"不好意思不理你"，然后你就有更多的机会拉近你与客户之间的距离了。

第三，让别人有求于你。这个不难理解，就是有些问题客户自己解决不了，必须要通过你这个媒介才能完成。比如某平台推出的"每日×淘"社群团购，团购的产品性价比很高，但是有些人不会玩、不会下单，可她又想要里面的产品，那么她就会通过"团长"帮忙下单的方式来达到自己的目的。当然，在让别人有求于你之前，一定要先让对方信任你。

此外，社交电商创业者还应注意价值输送的内容要因人而异，比如女性比较关注美丽话题，在价值输送的时

女人:	美丽
小孩:	学习
老人:	健康
微商:	经验（成为专家、抖音达人）

候创业者就应多分享关于美丽方面的内容；老人比较关注健康问题，输送价值时就多分享关于健康方面的内容等等。有针对性的内容才会对别人有用，也才会得到别人的关注。

3.3.3 抓住一两个最适合自己的方法死磕到底

引流的方法多如牛毛，旁征博引不见得引流效果就一定会很好；精选活用，找到适合自己的高效引流方法才是硬道理。

从事社交电商创业，掌握的引流方法多不如精。当然，"精"也是靠练出来的。如果我们要找到一套适合自己的高效引流方法，就要学会从千千万万的引流方法中选定一两种自己擅长的，并死磕到底，把它钻研透彻；用最笨、最简单的方式实现引流效果从量变到质变的转变。

专心才能专注，专注才能专业。引流活动也遵循着与"一万小时定律"相似的规律。当我们在一两个引流方法上实践的次数达到一定量的时候，我们再用这种方法进行引流，就能达到熟能生巧，巧产高效的效果。当然，常见的引流方法也分线上引流和线下引流，两者特点各异，优势互补。社交电商创业者在选定引流方法的时候若能将线上引流和线下引流双向巧妙结合，引流的效果将会更佳。下面，我们挑选了两种当前社交电商创业中最实用、最高效的引流方法进行剖析。

1. 地推引流

地推——顾名思义，就是在地面上进行的推广活动。地推是创业者将客户流量从线下导流到线上的重要途径。随着社交电商本地化的趋势日渐明显，地推也逐渐成为社交电商创业者建立本土客户关系的重要途径。

由于地推活动需要社交电商创业者到线下与形形色色的陌生人面对面进行沟通交流，推广的方法和各方面的因素更多地掌控在创业者的手里，因此地推具有灵活性强、适用范围广、展现的真实度更高等特点。这些特点，使其在社交电商创业中具备了独特的意义。

第一，地推引流的精准度更高，能够帮助创业者更快地扩大社交圈、更好地打开市场。

地推活动基本上都是在社交电商创业者所在的地区进行的，由于创业者对本地的客户群体、当地的人文风俗习惯、人们的生活方式和消费行为习惯等等都比较熟悉，因此地推引流的精准度更高。通过地推活动，创业者可以更快速地扩大自己的社交圈和同城影响力，为日后更好地打开市场做铺垫。

第二，更好地解决信任问题，改变被动状态。

社交电商创业者参与各种形式的吸粉活动，其最终的目的都是促使意向客户对一个创业项目、一个创业平台或者一个品牌的观念"关注—了解—信任"逐步递进，最终实现转化。但是，做过线上引流的创业者会发现，线上引流的效果往往不太理想。而根本的原因是很多客户对网络上的东西缺乏信任感，觉得网上的东西都是虚拟的、不靠谱的。地推就刚好解决了客户的这种信任问题。

这主要是因为在地推活动中创业者和意向客户是通过面对

面沟通来了解彼此的，不管是创业者本人还是与创业者所在平台相关的案例都是鲜活地展现在意向客户的面前，活动的真实性更强，可信度也更高。因此也能快速解决意向客户对创业者或对创业平台的信任问题，扭转线上引流普遍面临的被动状态，改被动为主动。

第三，为社交电商创业者突破自我和快速成长创造机会。

对于社交电商创业者来说，每一次地推都是一次自我突破和成长的机会，也是一次积累推广经验的机会。每一位能够走出去参与地推活动的创业者，行动上就证明他已经拿出了超越一般人的勇气和决心去对待创业这件事。

在地推活动中，社交电商创业者与不同的人进行零距离交流，以及灵活应对地推现场出现的各种情况的过程，实际就是锻炼创业者的沟通协调能力和应变能力的过程。因此，所有选择走出去地推的社交电商创业者，其实就是选择了更快的进步路径。

1）地推准备

地推不是一个简单的走过场活动，把地推理解成简单的派发宣传单活动是偏离了对地推的正确认识。一次成功的地推活动，在物品准备、对象定位、地段选取、推广技巧的掌握等等方面都是有讲究并且有章可循的。社交电商创业者进行地推之前需要做好两大方面的准备：一是地推物品的准备，二是地推基础工作的准备。

我们常见的地推形式一般分为流动式地推和定点式地推两种，创业者在准备物品的时候可根据自己所选择的地推形式灵活安排。

 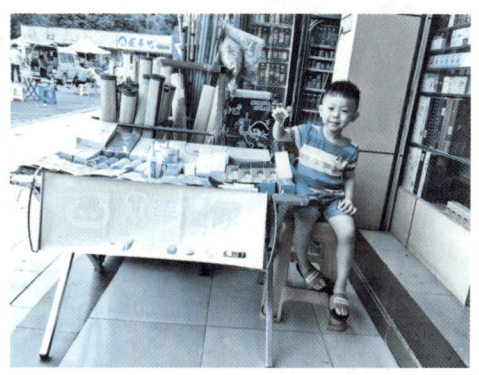

▲ 流动式地推　　　　　　　▲ 定点式地推

流动式地推由于创业者是边走边宣传的，其流动性极大，灵活性强，所以需要准备的物品以轻便为主：通常创业者只需要准备一些附有个人二维码的宣传单和适量的产品样品、试用装、精美小礼品等就可以了。

定点式地推一般会选定一个较固定的地点，因此创业者需要准备的物品就要比流动式地推的略丰富。除了宣传单和产品样品、试用装、小礼品以外，一张桌子、一个印着创业平台相关信息的"易拉宝"或者手拉旗也是定点式地堆的必备装备。如果想将定点式地推展现得更具专业性，创业者还可以再准备一台"地推神器"助阵。

> **地推应带些什么？**
>
> 1. 识别度高的产品，大众化的产品，比如牙膏、面膜、洗面奶等等；
>
> 2. 携带原则：方便携带、方便展示介绍，并且是效果好的产品；
>
> 3. 宣传单、手拉旗等。

另外，无论你选择的是流动式地推还是定点式地推，建议2～3人结伴行动为佳。结伴地推的好处是一方面可以增加地推的可信度，更容易取得意向客户的信任；另一方面，地推时创业者彼此之间可以分工合作，不仅显得更专业，而且能提高推广的操作效率。

除了物品的准备，地推基础工作的准备也相当关键。它往往包括了社交电商创业者对项目的熟悉度和对目标群体的熟悉度。

对项目的熟悉度，一般是指在进行地推活动之前，创业者需要先了解并熟悉自己所在的创业平台或创业项目的运营模式、规章制度、产品优势、售后服务架构等等最基本的东西。只有熟悉了这些基本的东西，创业者在地推活动中才能自如地应对意向客户提出的任何疑问。

当然，这还远远不够，创业者还需要提前对地推的目标群体进行调研，初步了解地推对象的基本情况。比如在确定了地推对象以后，需要熟悉不同的地推对象的空闲时间分布，以及他们的常规聚集场所等等。总而言之，创业者应懂得根据不同时间段在不同的地段进行地推，以达到最好的地推效果。

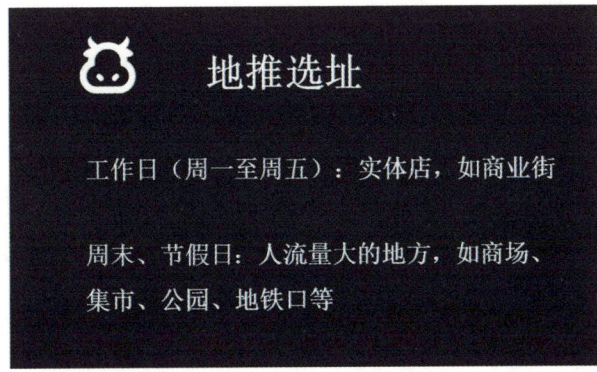

2）地推开局

好的开始是成功的一半！

然而，万事开头难，对于很多从未进行过地推的社交电商创业者而言，地推开局是艰难的一步。在开局中，创业者往往会出现两种情况：一种是因对地推选取的地点陌生而产生恐惧感，不敢主动去找意向客户；另一种是对陌生人以及对地推活动不熟悉、不熟练而产生恐惧心理，不敢开口。第二种情况更多发生在首次进行地推的创业者身上。

要解决因环境陌生而导致的心理障碍，社交电商创业者应学会建立一个熟悉的心理根据地，通过特定环境带来的熟悉感驱逐内心的恐惧。比如创业者可以在家附近找一个以前从未去过的陌生奶茶店，每天或者每隔一两天就去店里光顾一次。一段时间以后，当创业者对奶茶店建立起熟悉感，与店老板相熟了，就试着把这个店当成地推的目标点之一，把店老板当成意向客户进行地推实操或者模拟，然后再将这份熟悉感带到别的地推地点去。

而对于创业者因对陌生人以及对地推活动不熟悉、不熟练而产生的心理障碍，最好的解决办法是逼自己迈出第一步：逼自己去接触地推，逼自己开口与客户交流……因为再厉害的地推达人，他的胆量和口才都是练出来的。社交电商创业者只有放下身段，放下面子不断地去实践，才能摸索出属于自己的一套地推技巧。

另外，创业者在每一次地推活动结束以后一定要善于总结，要学会根据自己的地推经验整理出一份适合自己的、专业的地推话术，并不断地改进。专属自己的专业地推话术，一方面可以在以后的地推活动中展现你的专业性，让别人相信你；另一方面可以缓解创业者在面对陌生人时产生的紧张感和恐惧感，促使地推活动顺利进行。

3）地推方法、技巧

（1）地推的着重点要因客户的意向而异。

社交电商创业者在地推中接触的意向客户无非两类，一类是想创业的，即意向是想赚钱的；另一类是纯粹的消费者，即意向是想省钱的。

对于创业型的意向客户，地推的着重点应放在"赚钱"上，刺激意向客户赚钱的欲望，激发客户的创业梦想。例如给意向客户着重强调加入某创业平台能获得什么样的好处、利益等等。

对于消费型的意向客户,创业者则应着重强调创业平台的产品"好且便宜""性价比高"等优势。比如向意向客户介绍产品的价格优势(性价比)、产品优势(品质、正品等),让客户知道这是一个产品"又好又便宜"的平台。

(2)想明白别人为什么要相信你。

这个世界上没有无缘无故的信任,也没有无缘无故的怀疑。社交电商创业者在地推中难以得到意向客户的信任,主要是因为对方不了解你所推广的平台或者项目,并且你没有给他利益。因此,创业者首先要掌握一定的专业知识,包括要对自己所在的平台有所了解、对市场未来的趋势有所了解,并通过这些专业的知识让意向客户了解平台、了解项目;其次是给意向客户输送利益。

怎么输送?给意向客户赠送小礼品、产品试用装,或者针对意向客户的身份、职业等属性给对方提供一些有用的资料、方案等等。当然,当意向客户给你建议的时候,要懂得以适当的方式表达谢意,比如给对方发一个小红包,既实在,又能帮助创业者在意向客户心目中树立好感。

(3)学会借势实现引流目的。

一些具有地方特色的活动或者节日,比如美食节、各地特色文化节日等,都会在短时间内聚集大量的人流。社交电商创业者要学会向这些能够短期聚集人流量的活动借势,在活动举办的时候在主办场附近进行地推引流。

另外,创业者还可以利用创业平台特定的活动进行引流,例如就有创业者利用了某平台的"一分钱地推"活动来实现引流目标。

(4)寻求合作对象,学会利用有效资源。

放眼整个商业圈,缺的从来都不是资源,而是懂得利用有效资源的人。在我们身边,可以拿来协助社交电商创业者实现引流目的的资源无处不在,关键是创业者在进行地推时是否懂得利用好身边一切有效的资源。

作为社交电商创业者,如果你在进行地推时感觉自己的能量不够强,自己单独行动很难完成目标、很难得到意向客户信任的时候,不妨寻求一些可以帮助自己的合作对象,借助别人的力量实现引流目标。

举个例子:广州某创业平台有一位名叫秋秋的创业者在地推的时候就很会整合身边的资源。比如夏天的时候她去做地推,发现自己派发印有某平台信息的扇子给意向客户的时候,别人一般都不太愿意搭理她,地推的效果很不理想。这时她看到旁边有一个卖凉粉的大妈,而且大妈的生意也不错,都忙不过来了。于是她灵机一动,也去买了一碗凉粉。她吃完凉粉以后就跟大妈谈起合作来:她在旁边帮大妈打下手卖凉粉,当有人过来买凉粉的时候大妈就帮她送一把扇子给客户,然后她在旁边简单地跟客户讲解这个平台是干什么的,能给对方带来什么好处等等。如此一来，卖凉粉的大妈和秋秋就互换了资源，互相得利。

（5）地推也要懂得创新。

一切皆可创新，地推也不例外。在地推活动中，如果我们能在地推道具或者方法上做出创新，那么就可以让一场地推活动变得很有趣，并且能达到事半功倍的效果。

▲ 装着巧克力的假套套

苏州万科曾经在2015年的春节里就做过一次邪性满满的地推创新：万科跟苏州人民约了新年的第一"炮"——将3万只装着巧克力的假套套全城派送，让苏州人民新年的第一天就充满了恶趣味。虽然做法有点重口味，但是不得不承认，万科此次"壮举"真的很成功，起到了非常好的宣传效果。

在地推活动中，创业者也可借鉴苏州万科这种创新思维，用健康的元素给意向客户展示创业平台的信息。比如在地推的工作服上做文章，吸引意向客户的关注。

4）地推注意事项

（1）心态要好，地推时说话有底气，要自信。不管意向客户问到什么问题，怎么质疑或拒绝，都要保持良好的心态，不能丢了自信。

（2）尽可能穿工作服，佩戴工作牌。很多人对地推这种活动缺乏信任度，觉得不靠谱。地推时穿工作服和佩戴工作牌可以帮助地推者增加专业度，增强可信度。

（3）塑造良好的形象：仪容端庄，面带微笑，态度和善。男性创业者做地推时应保持衣着整洁，女性创业者除了衣着整洁外，还可以适当化个淡妆。整洁的形象可以增加意向客户的好感；面带微笑，态度和善，则能够给人一种亲近感，可以帮助创业者快速拉近与意向客户的距离。

（4）注意表明身份，不要把身份说得太低，要适当地把自己的身份抬上去。表明身份既是对意向客户的一种尊重，也是增加专业度的表现。人们都喜欢和专家打交道，适当地抬高身份能够增强意向客户对创业者的信任感和好奇心，愿意听其讲下去。

（5）摒弃过强的功利心，不要急功近利。以利相交，只得利；以心相交，得心得利。地推中创业者切忌急功近利，应先学会和意向客户做朋友，再做生意。

（6）具备一定的执行力，要学会坚持。地推要有成效，需要地推者有较强的执行力和坚持到底的意志力。三天打鱼两天晒网的人一般无法做好地推。

（7）及时对在地推中添加的意向客户进行信息备注，方便后续的管理和转化。比如备注意向客户是在什么时候、什么地点地推时添加的，对方的身份、意向是什么等等，并根据客户意向的不同设置标签、分组。

（8）引流后要及时进行维护。地推的目的是精准引流、转化，创业者在地推活动结束后要注意及时对添加你的意向客户进行维护，尽早将其转化为精准客户。比如创建两个地推群：一个为创业型意向客户地推群，一个为消费型意向客户地推群，然后有针对性地分别对两个群进行维护，通过互动、提供价值等方式引导转化。

（9）地推方法的运用要因地制宜，切忌将别人的地推方法全盘生搬硬套。地推活动具有明显的区域特点，不同地区的文化背景、风俗习惯，以及消费群体的消费习惯都会有差异，就像北方人习惯吃面食，南方人习惯吃米饭一样。如果我们硬是将面条推销给以米饭为主食的南方人，销量肯定不理想。所以，地推的方法要灵活运用，应尽量结合创业者所在地消费者的习惯。别人的方法可以借鉴，但切忌全部生搬硬套。

(10) 学会换一种方式向意向客户索要联系方式。社交电商创业者在地推活动中往往要取得客户的联系方式。但是通常情况下，你直接问意向客户索要联系方式，对方是有所顾忌的，特别是自我保护意识强烈的意向客户，一般不愿意向陌生人透露自己的联系方式。所以，创业者要学会以一种婉转的方式向意向客户索要联系方式。

例如：有一位创业者在地推中赠送了两片养生贴给一位意向客户，她向意向客户索要联系方式的时候就对客户说："要不咱们交换个微信吧，到时候回去了如果你不知道养生贴贴在什么位置才是贴对穴位，我可以在微信上教你。"这样，意向客户就很愉快地加了她的微信。比起直奔主题的索要方式，这种带有输送价值的婉转方式更容易让意向客户接受。

2. 社群营销——社交电商创业活动的重要模式

社群营销——社交电商创业活动的重要营销模式，也是增强用户黏性、实现客户精准引流最高效的方式。

社群，简单理解就是一种新的人际关系，是建立在互联网基础上，依据人们的兴趣爱好、身份地位、审美观和人生价值观等建立起来的圈子。比如喜欢金融的会在同一个社群里；同是某个行业的老板会在同一个社群里；喜好某项运动的人会在同一个社群里……社群会通过人与人之间的互动来实现商业价值的变现。

社群的出现，让用户有了一个全新的定义。

在传统行业的概念中，用户就是买你的产品或是用你产品的人。但是在互联网的概念里，用户的定义并非如此。互联网概念里的用户是有账户、能激活，并且能够与你产生互动的消费群体。这就意味着，消费者买了你的产品并不等于就是你的用户了，必须要买了产品以后和你产生了互动才叫用户。消费者买了产品只是帮你赚了一次钱，如果不跟你互动，对你没有任何的后续价值；但消费者持续跟你互动，在互动中就会产生很多新的商业价值。所以说，社群能够让用户的话语权越来越强。

移动互联网时代衍生出来的社群，在某种程度上也为创业者争取到了更多的主动权。比如，有一部分用户在沟通的过程中会产生情感，甚至变成粉丝参与到各个活动中，到了这个阶段我们对用户就有了更大的支配权。在这样的一个社群里，我们能够找到潜在的运营对象，或者说未来商业运营的潜在用户，并且形成一定的商业闭环。例如一个拥有10万人规模的母婴社群，此社群内一定有诸多的妈妈、准妈妈。在这样一个社群里，商家可以通过和准妈妈们的互动，建立参与感、情感和圈子，最终创造商业价值。所以说，社群是当前市场经济里一个重要的人际关系圈，也是社交电商创业者快速获取客户流量的重要形式；社群运营也将会成为这个时代重要的商业模式之一。

1）如何利用社群形成一个营销闭环？

社交电商创业者掌握了社群的运营规律，可以让社群循环产生价值，形成一个封闭式的营销闭环，从而实现高效引流，促使团队快速裂变。那如何才能形成营销闭环呢？

（1）创建社群。

社群营销，必须要先有社群。以某社交电商创业平台的社群营销模式为参考，创业者首先需要创建三个不同属性的社群：新人群、消费服务群和创业群。另外，还要再建立一个专门用于收藏素材、转发素材的素材库群。

新人群是给有创业意向的新人初步了解创业平台的社群，

它是一个拥有福利型和产品型社群属性的综合体。

消费服务群则是新人群的升级版。在此群中，群成员可以享受到相对于新人群更好的福利待遇，比如可以优先试用该平台的新品，群里也会有更多的价值输出。当然，消费服务群创建的意义也在于筛选出更精准、更有价值的客户。

而创业群是给已经从意向客户转化为平台定向创业者的社交电商创业新人进行初级培训的社群，属于一个培训型社群。在这个群里，新入门的创业者会得到关于创业和营销的系统化培训，为他们后续做好社交电商事业打好基础。

最后一个社群是素材库群。它是专门用于收集、收藏和转发素材的一个社群。创业者可以将平台所有的产品素材、营销培训素材和推广宣传素材等转发到这个素材库群里，方便后续形成营销闭环时进行层层复制；也方便所有的群成员后续利用其快速寻找素材解决消费者的一些疑难问题。因为有些素材可以长期使用，但创业平台不会经常重复发送，若将其收藏于素材库群，创业者便可以随时快速搜索、拿来使用。

建群的过程中，社交电商创业者应注意的是——即使不同属性的社群，创建都是有相同规律的。任何社群的存在，都围绕着"价值"二字展开。如果我们创建的社群缺乏运营的章法，没有规则，没有教育体系，没有价值输出，群成员之间没有共同的价值观……那么这样的社群是很难循环产生价值，更难形成营销闭环。所以，一个健康的社群一定需要一个健康的体系来约束，以保证社群的价值性。为了让创业者所创建的每一个社群都能产生并保留其最大的价值，建群的时候每一个群都需要设定一定的入群门槛。

入群门槛的设定方式有很多，大致可分为以下几种：

①邀请制入群。

邀请制入群是创建新人群时最常用的门槛设定方法。它包括了群主拉人入群和熟人邀请入群两种方式。社交电商创业者作为建群的群主，可以将一定数量的老用户直接拉入群，然后再由这些老用户邀请一些新人入群。但老用户邀请新人入群时应注意：当别人不同意的时候不要频繁发送邀请，应间隔一段时间后再发，以免引起反感，事与愿违。

②推荐入群。

推荐入群，一般是这个群里已经有了一部分曾在创业平台消费过的客户，当他的身边有需要入群消费、入群了解平台的朋友，就可以通过推荐入群的方式让他的朋友入群。这种入群方式也多用于新人群。

③完成任务入群。

完成任务入群，就是用户要完成群主设置的一个任务方可入群。例如转发群主发布的某条朋友圈信息，转发成功后群主拉其入群。或者用户对平台上的产品感兴趣，比如某社交电商创业平台推出了一个团购活动，用户只需要任意购买一件自己感兴趣的团品，就可以申请入群。完成任务入群同样是新人群设定门槛时较常用的一种方式。

④付费入群。

付费入群，是社群营销中筛选优质用户常用的方式。比如在一个社群里，如果用户没有被人邀请入群，没被人推荐入群，也不想通过完成任务的方式进群，可以选择付费进群。

带有营销色彩的社群和粉丝群虽然存在明显的区别，但是也有相同之处。比如粉丝是因为认可某个明星、某个品牌而选择聚集在一个粉丝群里。同样的，一部分用户也是因为对某个社群里的内容持肯定的态度，认可这个创业平台，所以即使入群的门槛是要支付一定的费用，用户也心甘情愿掏腰包进群。付费入群是判断一个用户是否认可社群的最直接的方式，也是筛选精准用户最有效的途径。

⑤阶梯制入群。

当一个创业平台具备一定影响力的时候，社群的价值感需要不断升级，这时候社群就会被要求进入到一种阶梯化的发展模式中。就好比在银行里办理业务，当你的交易额度达到一定值时，就会被升级为白金卡VIP用户、钻石卡VIP用户等。同理，每一个达到了一定级别的平台用户，他们都会渴望加入更高级的社群，获取更好的福利和更高的价值。这时候，创业者就需要创建更高级的社群，入群门槛也要采用阶梯制。比如某社交电商创业平台，在创建消费服务群和创业群时就采用了阶梯制的入群方式，用户必须消费满5单才能申请加入消费服务群，用户必须达到了 SV3 会员级别才能申请加入创业群。阶梯制入群方式，可以进一步加强社群成员的归属感，让平台与用户产生更深层次的连接。

一个健康的社群，需要有活力的社群成员；一个成熟的社群，需要有不可撼动的社群规矩；一个成功的社群，需要有价值感。入群门槛的设定，只是提升社群活力、保证社群价值感的前提基础，并不能保证这个社群就一定是一个成熟的社群。所以，创业者在创建社群时，除了要有入群门槛，还需要严格控制社群成员人数，订制人人都要严格遵守的群规。

为了保证社群能够保持一定的活跃度，避免人多混乱的场面，一个社群的成员数量应进行合理控制。比如一个新人群控制在 300 人以内，一个创业群控制在 200 人以内，一个消费服务群控制在 50 人以内等等。

此外，群规的设定也是至关重要的。俗话说，无规矩不成方圆。如果一个社群没有规矩，就会出现广告泛滥、灌水众多的消极情形，会导致一些有意向的用户不堪受扰而选择退群或者沉默，最终社群会失去活力甚至走向灭亡。所以，当一个社群建立起来后，首先要给社群起一个群名，比如新人群可以起名为"XX新人福利群"，然后拟定群说明和群规，让社群成员知道这个群是干什么的，会有什么福利，进了群就要遵守什么样的群规，违反群规会有什么后果等等。

（2）层层复制，形成闭环社群。

营销闭环的形成并不复杂，只要创业者懂得层层复制，将多个社群的运营规律一一掌握，就能快速建立起社群闭环，快速实现团队高效裂变。

一个闭环社群的形成需要经过6大步骤：

第一步，按上述方法创建新人群（即福利群）。

第二步，拉人进群。

第三步，预告、预热。比如某社交电商创业平台即将上线一个产品促销优惠活动，创业者就可以提前几天在新人群里告诉社群成员具体活动时间和活动内容，让他们做好心理准备。

第四步，活动前一天发素材造势。值得注意的是，如果活动的产品素材很多，创业者应该按自己的用户定位选定5～8款产品素材，并且素材的发布要有条理性，切忌杂乱无章地发布。比如同一款产品的素材（包括产品介绍、产品展示短视频、产品使用反馈等）应全部发完再发另一款产品的素材。

选择产品过多，用户看不过来；素材发得太乱，会磨掉用户的耐心，引发烦躁、反感等消极情绪。但是同一款产品的素材，创业者可以在同一天内分开不同的时间段重复发布数次，确保社群成员都能看得到。

第五步，引导下单。抓住客户的需求，活跃营销氛围。比如让已下单的社群成员在群里进行报单接龙，打造一种活跃的成交氛围。

第六步，售后跟进。这一步是社群闭环里最关键的环节，也是团队裂变的开始。在此环节中创业者应学会与客户做朋友，对消费者和意向创业者分别进行售后跟进，激发客户的创业梦。

当这 6 个步骤进行到第 6 步的时候，售后的跟进工作尤为重要，因为这一步决定着这个闭环循环的开始。当一个用户在社群里完成了第一单交易的时候，如果你的售后工作跟进到位，这个用户的创业意向一旦被加强，就很容易加入到创业的行列中，然后他会复制这 6 个步骤——建群、拉人进群、预热、发素材、引导新用户下单、售后跟进……如果创业者在群里选定几个活跃的成员带动裂变，引导用户层层复制，让社群闭环无限循环，那么你的创业团队想不快速裂变都难。

当然了，在社交电商创业中，一个营销闭环并非只是在一个社群里形成闭环，它还能在多个社群间形成范围更广的社群闭环。例如某社交电商创业平台在进行团购社群营销的时候，它的大营销闭环就是在三个社群中形成循环模式：用户在新人群里了解了该平台并完成了首单交易后，会主动申请进入到消费服务群，享受更好的福利待遇，对平台有了更深的了解。当用户在消费服务群体验过更好福利待遇后会产生信任感；所以当他们认可该平台的时候，这些用户就会有了更强的创业意向，从而主动申请或者被引导加入创业行列，于是他们会进入到创业群获取系统的营销培训。最后他们再去复制同样的营销步骤，形成新的社群闭环，并且不断地循环下去。

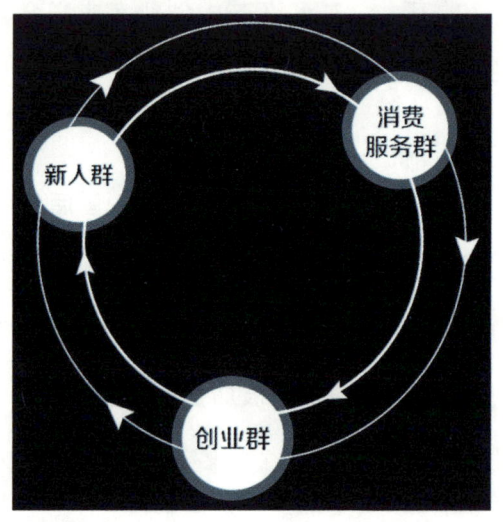

2）如何激活社群？

社群活跃度一直是社交电商创业者在社群营销中最重视的指标。只有高活跃度的社群才能激发社群成员的积极性，让社群保持健康的发展状态；也只有高活跃度的社群，社群成员之间才会有更强的互动性，并通过高频的互动创造更多的商业价值。然而，如何激活社群也是社交电商创业者们一直在烦恼的问题。但如果社交电商创业者掌握了激活社群的三大"法宝"，那么这个问题就迎刃而解了。

（1）激活社群法宝一：物质动力。

"爱占便宜"是大多数人的通病。在社群营销中，创业者可以抓住用户的这种心理，给用户创造"占便宜"的机会，满足他们的心理需求，从而进一步提升社群的活力。比如赠送产品、购物免单等等都是常见的物质刺激。在这里，我们重点介绍两种利用物质驱动力激活社群的方法。

①不定期发放福利，制造惊喜。

在我们的生活中，相信没有一个人会排斥惊喜。所以，社交电商创业者可以不定期在社群里发放福利，给社群成员制造惊喜。尤其是借助一些热门话题创造惊喜，能产生非常好的互动效果。

举个例子，今年的母亲节，民生新闻类节目《DV现场》举办了一个"母亲节表白赢大奖"的活动，参与者将表白短视频发送给电视台，被选中者的视频不仅会被节目播出，还能获得母亲节大礼包。这个活动一推出就吸引了大批观众参与。某社交电商创业平台的部分创业者也借助了这个热点话题，在临近母亲节的三天内不定期地在社群里发放福利：让社群成员在群里摇骰子，每人摇一轮，摇到规定点数的社群成员就能获得一份神秘的母亲节礼物。这波福利一发出，就引爆了社群。获得礼品的社群成员纷纷发朋友圈晒礼品，引来更多的社群成员参与，致使社群热情持续高涨。

②红包矩阵。

自 2015 年社交平台微信正式进军移动支付市场开始,"抢红包"这个词便席卷大江南北,掀起了一股抢红包热潮,并且这股热潮起来后热度一直未减。时至今日,抢红包仍然是绝大部分社群频繁进行的社群活动。抢红包非常简单,只要是会用智能手机的人都会操作,同时它又是提升社群活跃度最简单、最有效的方法。

随着抢红包活动的持续升温,社交电商创业者创新出一系列的抢红包玩法,比如红包接龙、红包雨等等;红包矩阵则是红包雨玩法的改良和升级。红包矩阵的玩法很简单,它遵循着"金额不大,频次多"的原则。

例如某社交电商创业平台里的一些创业者为了保持社群活力,会经常拿出一些产品赠送给社群成员,但是获取赠品的前提是要玩赢了红包矩阵。比如社群里想获得赠品的伙伴要在规定的时间内在社群里发红包,每一个红包备注上"我要赠品";红包的金额不限,但在规定的时间内发出的红包数量最多的一个就能获得赠品。红包矩阵可以根据实际情况进行多轮,每轮仅定一个胜出者。当然,红包矩阵的玩法不一定都是让社群成员发红包,抢红包也行。比如,创业者在社群里连续快速发十次红包,每次发出的红包个数为 3 个,发完以后社群里抢到的红包金额之和或者是红包的个数之和最大的,就可以获得创业者奖励的现金红包大奖。

红包矩阵的意义在于,通过经常性的红包玩法让社群成员养成一种经常在群里活动、互动的习惯，以达到提升社群活跃度的目的。

（2）激活社群法宝二：精神动力。

物质刺激，可以满足社群成员对物质的基础欲望。但是物质动力并不能在社群中形成真正的社群归属感。就像一些大型企业，要留住优秀的员工，一定不只是用高薪来套住对方。在满足物质的基础上，不断完善精神领域的吸引力，才是激活社群活跃基因的关键。

①社群核心领袖不断进行精神食粮输送。

一个出色的社群领导是社群的精神领袖，就像一个蜂群里的"蜂后"。他的一举一动都能在社群里掀起轩然大浪，并且能够创造出无限的话题。他的话语就像"圣旨"一样有影响力。所以，一个活跃度极高的社群，一定会有一位出色的精神领袖。如果你所创建的社群活跃度低，那你就先让自己成为社群的精神领袖或是选出一位社群精神领袖，然后凭借社群精神领袖的影响力在社群里不断进行精神食粮的输送。比如定期在社群里进行价值输送，包括开展实用的培训课程、分享创业经验等等。

另外，社群精神领袖还需经常性地对社群中优秀的成员进行嘉奖，以及精神鼓励。例如：分周期评选出社群里业绩最优秀的个人或者活跃度最高的个人，表扬他并送出小礼物（注意，送出的礼品一定要选择大家都喜欢的物品）。从多个维度来激活群氛围、带动群的活跃度。

②制造仪式感。

生活需要一点仪式感，社群运营更需要一些仪式感。

其实每一个社群成员，都会经历"了解创业平台—认可平台—进群—成为社群元老"的过程。特别是社群里的活跃分子，他们能够在社群里持续地活跃，一定是因为他们认可这个社群，并且对社群有极高的好感度。所以，创业者在进行社群营销的时候，要适当制造仪式感。例如新成员入群时，给他们举行一个入群仪式，比如群成员列队发红包欢迎新人，群主赠送新成员一份特别的入群礼物等等。从一开始就让社群成员产生好感。

③打造归属感。

创业者吸引新用户进群，只是社群营销的开端，如何将用户变成创业平台的粉丝，让他们"至死不渝"地追随创业平台，对社群不离不弃，才是社群运营的关键。要做到这些，创业者必须要在社群中打造归属感。

实际上，每一个创业者都渴望自己的社群能让群成员有一种强烈的归属感，希望给社群打上独特的标签，形成独特的社群文化。要实现这一点，社群就要建设专属的社群文化。比如建设群成员生日文化：每个群成员生日都会收到来自社群特别准备的生日礼物、专属的生日祝福海报等等。又比如建设"社群创立周年纪念"文化：群成员入群满几年就会获得一个定制的纪念勋章、纪念礼物等等。

④情感互动。

中国有一句老话叫"生得亲不如走得亲"。意思就是，好的感情都是靠维系出来的。你是否想过，为什么同样是做生意，有的客户那么信赖你，而有的客户跟你却没有任何来往？问题出在哪里呢？就出在你没有做好感情维系上。同理，要想让一个社群保持高活跃度，感情互动一定不能少。

怎么进行情感互动呢？

第一，多用走心的方式赞美和表扬群成员。当社群里有伙伴表现优秀，或者有人在群里分享自己的创业心得、传播正能量时，你一定不要吝啬自己的赞美。除了在群里面表扬对方，还要立刻把他的照片头像做成一个海报或者四宫格图、九宫格图等，然后配上文案发到自己朋友圈。配文里要认可他的成绩、他的优秀，还要@他。这个群成员看到后会非常开心，此后在群里面表现也更加活跃，他甚至会把你表扬他的话截图转发到自己的朋友圈并感谢你。这就是赞美的力量。

第二，主动关心和帮助群成员。当社群里有伙伴遇到不开心的事情时，你要主动关心一下，像朋友一样跟他聊天，互动的次数多了，对方也乐意跟你分享。当群成员遇到困难时，能帮的要尽量去帮，必要时发动自己的资源去帮忙也是可以的。当你把群成员的事情当成自己的事情来对待，他们也会把这个人情记在心里，到后面如果你在群里有什么运营的动作，他也会积极配合你、积极捧场。这无形中就提高了社群的活跃度。

（3）激活社群法宝三：加强参与感。

社群持续活跃的前提，是社群成员不断地参与到社群的活动和互动中去。因此，激活社群活跃度的终极法宝是加强社群成员的参与感，让每一个社群成员都成为主角。

①主动在社群里发起话题，带动群互动。

作为社群的创建者，创业者一定要主动在社群发起一些话题，让其他群成员参与进来。例如当你参加了某些活动，有了一些感想，可以将自己的感想发到社群里，并鼓励群里的伙伴一起分享互动。当然了，为了让群里的氛围更加活跃，你也可以在大家讨论的过程中适当发几个红包来活跃气氛。

举个简单的例子：比如你今天刚好带女儿去买鞋子，正纠结着选什么颜色好，那你就完全可以借助这个话题带动群的互动。譬如，你可以拍个鞋子的照片发群里问大家哪个颜色好看，这时候你就可以通过回复来判断哪些人是活跃的、哪些人是"死粉"。这个过程中有人会回复，也有人会发表意见。对于这些积极互动的伙伴，我们就可以发红包来感谢他，金额不用太大。同时把群里互动最积极的成员的情况记录下来，方便以后一些运营动作的安排，例如将这部分伙伴列入日后评选优秀个人的名单中等等。

②多用"@"工具发起聊天。

很多创业者在运营社群时都会遇到一个情况，就是你经常在群里发起聊天，群里根本没人搭理你。即使你在群里面发了好几个红包，仍然有很多的成员抢完红包继续"潜水"，跟一个自动抢红包工具没什么两样。长此以往，社群的活跃度是无法提升的。

针对这类创业者都头疼的情况，我们可以借助微信附带的工具来破解。你可以在社群里发起聊天的时候，先发一轮红包，用红包吸引群成员冒泡，然后使用@这个工具，把已经冒泡的人@出来，让对方知道你在关注他，从而引导对方参与到群的互动。我们要记住，不要把社群纯粹当成卖货的场所，平时应多用交友的方式与群成员聊天、进行问候，激发群友的参与兴趣。我们还可以从聊天中去记录群友的特点，比如消费习惯等，为促进我们与群成员之间的关系做好铺垫。

③善于收集两类素材发圈，刺激潜在客户。

大家平时把群里的气氛带动起来、活跃起来以后，要及时做好群互动的静态截屏和动态录屏这两类素材的收集，并且收集后立刻发到你的朋友圈。这是最真实的素材，能刺激潜在客户。

这与大部分人都有从众心理有关，你的潜在客户也不例外。当潜在客户看到你发出的互动性很强、人们参与度很高的素材时，往往会产生一定的心理变化：从默默观望到好奇心越来越强，最后忍不住想加入你们的行列，想去弄清楚这些素材背后到底发生了什么，才会让你们聊得如此热火朝天。

④组织线下活动。

线上活动的不断开展，激活了社群的活跃度，社群成员可以在群里畅所欲言。但是，线上的活动毕竟是借助互联网将人与人进行连接的，社群成员之间仍然相隔着千山万水，每个人都有所保留。换句话就是，社群成员之间仍然有一层隔阂，比如成员 A 对成员 B 仍保持着七分信任三分怀疑的相处态度。这时候，为了进一步拉近他们之间的距离，社群就要进化到更高的层次：通过组织一系列的线下活动加强社群成员的参与感。比如定期组织线下交流活动、同城聚会等等，为社群成员创造零距离接触的机会，让他们更加熟知彼此，成为现实中的朋友。

创业者组织线下活动时，应努力营造轻松愉快的气氛，让社群成员之间的沟通隔阂在放松的氛围里瓦解，这样也能有效地达到提升社群活跃度和社群成员亲密度的目的。

⑤设立活动奖金池。

什么样的社群其成员参与热情最高？

答案就是：利益趋同的社群。

所以说，要激发一个社群的成员参与热情，最高效的方式就是将他们的利益捆绑到一个特定的、共同的目标上，形成利益共存、风险共担的综合体。比如设立活动奖金池，引爆活动热度。

举个例子，某社交电商创业平台要进行一次史无前例的优惠促销活动，这个活动是该创业平台上每一名创业者突破原有业绩的好时机。为了让每一名创业者在这个活动中保持高参与度，平台在社群里设立了一个活动奖金池，并且拟定了一份参与活动奖金池的规则。在这个规则里，平台给社群定了一个总业绩目标。社群成员可自愿投放一定数额的参与金进入奖金池，如果在设定的活动时间内社群的总业绩达到了或者超过了设定的总业绩目标，参与的社群成员就可以获得平台额外奖励的、按投入参与金数额对应比例分摊的奖金；如果整个社群没有在规定时间内完成这个目标，那么所有投进去的参与金就拿去做公益事业，不予退还。这时候，参与的社群成员为了让"血本无归"的风险降到零，以及为了争取到额外奖励的利益，每一个人都会积极投身到策划、互动和执行上，全力以赴地去完成目标。社群的活跃度也就随之上升。

3.4 营销中必须懂得的沟通艺术

你还记得当年深受观众喜爱的火爆综艺节目《康熙来了》吗？这档节目的主持人蔡康永实在是太帅了，在他的主持中不管嘉宾和搭档说出来的话题多么无节操，他都能讲得非常高尚；无论别人提出来的问题多么刁难，他都总能化干戈为玉帛，巧妙地扭转局势。在他的沟通中，我们看到他的用词永远都那么柔软，姿态始终那么轻盈，和别人聊天永远都那么让人舒服。

很多人都说，如果我也有蔡康永那么高的情商，也像他那么会说话就好了，这样我做生意的时候就可以轻松将客户拿下。那么问题来了，在营销中我们如何才能做到像蔡康永一样，将沟通变成一种轻松、愉悦的行为艺术呢？

3.4.1 懂沟通，先懂人性

知己知彼，百战不殆。在与人进行沟通前，我们首先要了解人性。

社交电商，其实就是做社交营销，就是做人的营销。所以我们从事社交电商创业，就一定要懂一点人性。何谓"人性"？《汉典》里所解释的"人性"是指：在一定的社会制度和历史条件下形成的人的品性。这是对"人性"比较广义的理解。我们这里要谈的"人性"是指心理学常说的"人性"，简单地说就是人的性格。

在心理学中，有一种分类法把人的性格分为四大类型，包括：奋进型性格、和平型性格、乐天型性格、完美型性格。在创业活动中，了解了人有不同的性格，我们就能在沟通中根据其不同类型的性格特点做出不同的反应。

1. 奋进型性格

奋进型性格又被称为力量型性格。奋进型性格的人主见性极强,既有野心也有能力,他们在特定的领域里具备超强的竞争力。这类性格的人通常热爱冒险,喜欢尝试新鲜事物,也喜欢创新。在现实中,阿里巴巴的创始人马云就是奋进型性格的典型代表。

具有奋进型性格的人往往是天生的领袖。他们不喜欢过于安逸的环境和生活,执行力及目标感强得惊人。他们一旦确立了某个目标,就会凭借着自己强大的决断力、掌控力和执行力突破现状,坚定地奔着目标向前跑,即使中途遇到再大的困难也不会轻言放弃。但他们也有致命的缺点,就是有时候过于好胜,不易妥协,做事容易犯独裁专断的毛病。

在社交电商创业中,如果遇到奋进型性格的人,在沟通中我们一定要给予对方表达意见的机会,不要轻易否定对方的前卫观点,也不要轻易怀疑对方的能力和执行力。否则,这场沟通将会很容易不欢而散。

2. 和平型性格

和平型性格的人就是平常在各种社交关系中我们觉得最好相处的那一类人。具有这种性格的人性情温和,平易近人,和谁都可以相处得很融洽。和这类人相处,往往能让人感到很舒适。因为他们的协调能力超强,在社交中常常可以做到面面俱到。即使在与性格很刚烈或者很刁蛮的人相处时,对方抛出非常难堪的问题,和平型性格的人也可以圆滑地处理好,不会得罪对方。

另外，和平型性格的人在消费和投资方面相当理性。他们追求平实，像冲动购物、盲目投资这种行为基本不会发生在他们身上。在涉及资金方面，只有当他们认为"有需要"才会去消费或者投资。所以，在和平型性格的人身上几乎找不到什么缺点；如果有，那就是他们过于圆滑，往往会让人感觉他们心机重。

在社交电商创业中，如果要与和平型性格的人打交道，我们可以将对方的理性和追求平实的性格特点作为沟通的切入点，多围绕对方关注的事物展开话题。

3. 乐天型性格

乐天型性格，还有另外一个名字叫表现型性格。乐天型性格的人是天生的乐观主义者，他们不仅热情好客、爱交朋友，还乐于助人。具有这种性格的人通常极其注意自己的形象，健谈并且表现欲强。但这类人往往也有一个缺点：就是有时候在人前会故意隐藏自己的真实感受。比如有时候他们表面上表现得很乐观自信、很坚强，实际上内心或许是很忧郁、很脆弱，很渴望得到安慰。

乐天型性格的人在我们的现实生活中占据的比例较大，他们在与人进行交流时通常喜欢把自己引以为傲的人和事告诉别人，渴望得到他人的赞美和认可。在社交电商创业中，如果遇到这类性格的人，与他们沟通时我们要给足对方表现的机会，多夸奖和赞美对方，让对方感受到你的真诚、你的认可。另外，我们还需要多从对方的肢体语言，或者一些细节表现上捕捉他们的内心想法，适当给他们一些出乎意料的回应。毕竟千金易得，知己难求。如果对方感觉自己遇上了一个懂他的人，会对你产生一种特别的情愫，在沟通中可以快速拉近彼此之间的距离。

4. 完美型性格

完美型性格的人，通俗地讲就是有"强迫症"的人。这类人在我们生活中并不少见，他们事事苛求完美，即便是像挤牙膏这样鸡毛蒜皮的小事，他们也有严格的章程。比如挤牙膏必须从牙膏的底部往上挤，不能从中间挤，如果从中间挤他们心里就不舒服。具有完美型性格的人特别注重细节，做事重视规章和纪律，喜欢把每一件事情条理化。

当然，完美型性格的人通常也是日常交际中最难伺候的一类人。因为他们的性格拘谨含蓄，做事时力求条理清晰、井然有序。这类人常常会以很高的标准要求自己，希望自己完美无瑕；同时他们也会用同样高的标准去要求别人。所以，如果在社交电商创业中遇到完美型性格的人，我们要做的就是在每一个细节上做得比他们更有条理，让结果看起来比他们预期的更完美。

3.4.2 所谓高情商，就是让对方心里舒服

在平常的社交环节中，我们经常会听到有人说："哇，某某人的情商好高呀！"

什么是高情商？所谓高情商就是懂得好好说话，让对方舒服！高情商的人往往懂得用让对方舒服的方式说对自己有效的话、用让对方舒服的方式做对自己有用的事。

情商高低判断的标准不是自己，而是他人。沟通中的所有高情商都源自于一个人对他人的尊重。我们判断一个人的情商高还是低，只要看一看他在与别人沟通的时候有没有尊重对方，他的沟通方式是"让别人舒服了，还是让别人不舒服了"就知道了。如果一个人和别人交流，他开口说第一句话就让对方不高兴了；说第二句话对方就讨厌他了；说第三句话的时候对方就极其不耐烦了；说到第四句话的时候对方就忍不住要"问候"他家里的父母祖宗了……那么这个人的情商一般不高，他在交流中的展现就是情商低的表现。

一般情商高的人在和别人沟通交流时，会让对方如沐春风，非常舒服。我们熟悉的公众人物中，像著名的节目主持人蔡康永、有名的男演员黄渤等，都属于高情商的类型。这类人和别人交流时，既不会让对方陷入尴尬的局面，也不会让自己处于难堪的境地；他们对人性的把握相当精准，对用词的拿捏恰到

分寸。想知道怎么能做到这样，去看看蔡康永或黄渤这两个代表性人物在公众场所和别人的对话便知道了。

说到底，情商——简单来说就是作用于社交环节的一种情绪智慧。在社交电商创业中，情商的力量往往是高于智商的。作为一名社交电商创业者，你可以没有智商，但是一定不能没有情商。因为社交电商是离不开"社交"这个重要因素的。在社交中，情商是所有交流的底层架构，我们在和别人交流的时候，需要这个架构作为支撑我们观点的底盘。因此，有社交的地方就一定要注重情商。

那么接下来，我们就具体剖析一下高情商的社交电商创业者是怎么用"让对方舒服的方式说对自己有效的话"的。

1. 投其所好，聊对方感兴趣的话题

人的情商不同于智商，智商通常是先天的，但情商基本上都是靠后天培养的。所以，如果作为一名社交电商创业者，你觉得自己情商不够高，没有关系，可以慢慢培养。比如，你可以从学习好好聊天开始。前面就说过了，所谓高情商就是懂得好好说话，让对方舒服。怎么说呢？——投其所好，聊对方感兴趣的话题。

沟通是一门艺术，我们要学会"沟"到别人心里去：和别人交流的时候，投其所好，聊对方心里最想听的话题。也就是说，在沟通中我们要顾及对方的感受，而不是我们自己的感受。

不知道大家还记不记得上学时我们学过的鲁迅的作品《祝

福》里那位命运悲惨的祥林嫂？她在丈夫死去、儿子也葬身狼口以后，逢人就和对方诉说儿子的死和自己悲惨的遭遇。起初时，乡亲们还挺乐意把她的故事当成饭后谈资来听。但是，同一个故事重复地听，听多了就厌烦了，渐渐地祥林嫂也就被乡里人厌恶了。可能祥林嫂到死都没弄明白，自己没做错什么，为什么会被乡里人讨厌。其实，她错就错在她一直活在自己的感受里，聊天完全不顾及对方的感受。如果一个人总是听着自己不喜欢听或者不想听的话，谁受得了？

同样的道理，创业者在创业过程中，和客户交流也好，和合作伙伴沟通也好，一定要懂得顾及对方的感受；对方不喜欢听、不想听的话就尽量别说，要说就说对方感兴趣的话题。比如，某平台一位创业者到线下去地推，她看到一位女大学生，想跟对方搭话。如果这位创业者一上来就和女大学生聊怎么养孩子，聊怎么处理婆媳关系，聊如何管住爱人等等"不对口"的话题，对方能喜欢听吗？能很愉快地和你聊下去吗？基本是没法聊的。

我们经常说，找工作要尽量找专业对口的；交流也需要话题"对口"，才会让对方听得来劲，并愿意和你继续聊下去。就像上述这名女大学生，她的身份决定了她可能更关注如何变美、如何提高自己的学习成绩，或者她感兴趣的可能是怎么找一份兼职赚点生活费，顺便提升一下自己的社会实践能力。那我们就应该根据对方的身份特点作一些简单的提问，通过对方的回答判断她感兴趣的点在哪儿,并顺着对方感兴趣的点展开话题。这样的交流方式通常在让对方感到舒服的同时,又能达到你想要的沟通效果和沟通目的。

俗话说,"一样米养百样人"。这个世界上人是有很多种的,但是不管我们和什么样的人交流,要让对方舒服,都会遵循一个共同的沟通准则,就是对不同年龄段的人说不同的话,对不同职业的人说不同的话,对不同身份的人说不同的话;但和他们说的话都必须是对方关注的、想听的话。比如,一般年轻的女性比较关注美丽和养生的话题;结了婚的女性则比较关注孩子教育和家庭和睦的话题;老人比较关注健康的话题;生意人比较关注投资赚钱的话题等等。我们在沟通中,根据不同类别的人的特点"对症下药"准没错。

2. 不要用命令或带指责的口吻传达自己的思想,要以商量的语气交代事情

我们都不是牵线木偶,没有人会喜欢被别人颐指气使。所以,在日常的沟通中,尤其是社交电商创业者在和客户进行沟通时,表达的方式很重要。你所采用的表达方式会影响到你和客户整场沟通的质量和最终结果。

在沟通中,我们要学会用商量的语气去交代我们想表达的内容,尽量避免用命令的口吻传达我们的思想。曾经在某社交电商创业平台,有一位设计师就做过一件因为表达方式不当弄得客户很不愉快的事情。

事情经过是这样的：

在某社交电商创业平台的商城有一款畅销的产品，产品的详情页面已经标明"此产品不能退货，只可更换，请慎重购买"字样。但是仍然经常有客户因为下错单，或者没看清提示，出现下了单收到货后又突然不想要而要求退货的现象。为了特别提醒客户注意这个问题，一位设计师做了一张温馨提示的海报。海报的文案也很直截了当，直接就是命令式的"睁大你的眼睛看清楚，XX产品不能退货，只能换货，欲购从慎"。结果海报一发出去就引起了客户的强烈不满。本来这个海报看起来没什么问题，就是意思明了的温馨提示，一般的客户看完也没有什么情绪波动。但是那些下错单的，或者下了单又不想要货而提出退货要求的客户看完心里就不舒服了。他们会在心里想——"叫我睁大眼睛看，不就是在骂我眼瞎吗？"这样一来，好端端的一则"温馨提示"就变味成了"闹心提示"。

这就是表达方式使用不当带来的消极后果。创业者们平常在和客户沟通交流时切忌步这位设计师的后尘。我们在表达自己的思想观点或者交代某些事情的时候，表达的方式一定要正确，语气尽量要缓和。不管是语言形式的沟通，还是文字形式的沟通，都要让对方听着、看着都舒服。

就比如：你去给一位客户介绍某平台商城某款私护产品的使用方法和注意事项，介绍完以后一般人都会在最后加问一句"我说了这么多你听明白了吗？"或者"你听懂我说的话了吗？"之类的作为收尾。这样的话语看起来好像没什么问题。但是我们仔细斟酌一下就会发现，其实这样的表达形式略欠妥。因为这两句话好像是在责怪对方，"你听懂了我说的话没？""你 get 到我说的重点了没？"听起来就有一种在暗地里指责对方、不尊重对方的味道。但是如果我们把这两句换成"我讲得够清晰吗？"或者"我讲清楚了吗？"，表达出来的效果就完全不一样了。很显然，后面两种商量式的表达方式，言下之意就是在告诉对方，"如果我表达得不够清晰，讲得不够清楚，让你听不明白的话，我可以再讲一遍"。这样就显得礼貌多了，对方听着心里也舒服。

3. 要想让别人记住你，你就先努力记住对方的名字

你有没有过这样的经历：在茫茫人海中突然被一个只有一面之缘的人一眼认出，并且对方准确地喊出了你的名字。如果有，你是不是在某一瞬间感到特别惊讶，或是特别感动，又或是内心感觉特别温暖？

很多时候，大部分做营销、搞创业的人都希望每一个客户都能记得自己，希望对方有业务需求的时候能第一时间想到自己。可是却没有多少人能够做到在客户记住你之前，就先记住了对方的名字。尤其是初次见面完就记住客户名字的，更少之又少了。

能做到在营销活动中记住对方的名字，是一个人用心的表

现，是一种为人处世的智慧，也是一个人情商高的体现。在谈这点之前，我们先来讲个小故事，一位编者的密友A经历过的故事。

A是一个特别害怕进理发店的女孩，每次在理发店剪发或做头发都如坐针毡，浑身不舒服。原因是她特别不喜欢理发店里那些发型师喋喋不休地推销他们的套餐的行为，即便是顾客已拒绝数次，他们仍不停息，甚是烦人。但是有一回，A无意中去了一家由一对兄妹合伙开的理发店。此店虽小，只有老板一位发型师和他妹妹一位洗发助理，但是店里常年顾客盈门，在整条街都是冷冷清清的理发店当中格外显眼。

第一次在这个店理发，A只知道洗发的姑娘很贴心；发型师理发技术好、爱笑、沉默寡言，顾客不喜欢听的话语他绝不会多说一个字，也不会向客户推荐对方不乐意接受的项目，但他一旦开口便句句都是精髓，给客户的建议也很贴近每个人的头发特点。这是A第一次感觉到理发可以如此自在。

时隔半年后，A再一次去了这个理发店做头发。刚进店时A以为理发店换了老板，因为店铺的风格变了，发型师的发色和相貌好像也不一样了。A记得第一次来的时候，发型师是一位有着乌黑秀发，满面朝气的阳光小伙，与眼前这位一脸憔悴的发型师相差甚远。可当A坐到镜子前准备做头发的时候，发型师一开口就说："XX小姐，你上次来是先剪发再做护理，这次照旧吗？"A听完瞬间愣住了：她进过无数的理发店，从未见过哪一家理发店的发型师隔了半年还会记得一个只光顾过一次的顾客，更何况这个店里生意还不错，而A本人的长相也很"路人"。A仔细端详了一下发型师才认出还是之前那位，只是对方可能在这半年间经历了什么大波折，整个人略显沧桑，她一下子没认出来。

其实A惊讶的是，半年前第一次来剪发，她只是随口说了一下自己的名字，没想到眼前这个人居然一次就记住了。她更没想到，发型师其实从A一进店就认出了她，还毫无差错地记得上一次A做过的项目。如果没有足够用心，一般人是做不到的。A后来一直在想，发型师兄妹的表现大概就是他们店里常年顾客盈门的原因吧。或许就是因为这对兄妹在很多细节上都做到了其他理发店做不到的用心和周到，所以许多顾客像A一样，乐意来店里光顾，也乐意推荐身边有需求的朋友前来光顾。如此一来，理发店的生意想不好都难！

或许，这就是生意场上记住一个客户的名字、记住客户的需求细节的重要性。有时候，一个人的情商高不高，并不在于他的口才够不够好，也不在于他对对方说的话够不够多，只要做到极致的用心，达到在某些细节上做到别人做不到的境界就够了。在移动互联网时代里，我们天天谈创业，天天谈差异化。

什么是差异化？这就是差异化！别人做不到的，你做到了；别人没用心的地方，你用心了；别人觉得无关轻重的点，你重视了！这就是差异化！

在社交电商创业中，我们要想胜过别人，就要先把差异化做出来。实现差异化最简单的一步，就是学会在和客户初次见面时就努力记住对方的名字。或许很多人会说，我也很想记住客户的名字，可是每天要接触那么多的人，脑容量又有限，就是记不住，能有什么办法？其实，这只是借口。要知道，正常人的脑容量都是差不多的，别人能记住你却记不住，并不是因为你比较笨或者记忆力比别人差，而是因为你觉得这件事对你来说并没有那么重要。当你用心去记住一个客户的名字的意识足够强烈的时候，再难你也能记得住。

4. 在发表自己的观点之前，先肯定对方的观点

在与别人进行沟通交流时，先等对方说完再发表自己的见解是一种礼貌；而在陈述自己的观点之前，先肯定对方的观点，则是一种高情商的表现。

在社交电商创业中，我们经常会遇到类似的情况：当你向一个客户推荐自己所在的创业平台的时候，对方就会拿很多同类型平台与其进行比较，并且把别的平台夸得天花乱坠，把你所在的平台贬得一文不值。这时候，我们不要着急打断对方，也不要着急去辩解或反驳。我们要先等对方把话全说完，把他的观点全部发表完，再提出自己的见解。

例如，客户说："XX 创业平台的产品链很完善，品类很齐全，生活各个方面的产品都应有尽有。不像你们的平台的产品链那么残缺，来来去去就那么几款产品，可选择性太少。"这时，我们就要先肯定对方的观点，比如告诉对方："对，你说 XX 平台的产品丰富确实没错，而且他们每一个系列都做得非常全，给客户提供了足够多的选择，这一点做得很好，也确实是很多平台都比不上的。"然后，我们再延伸出我们的观点。比如说"我们平台的产品种类虽然比不上 XX 平台的多，可它的优势在于'精'。这与我们平台的产品定位有关，因为我们一向'求精不求多'。虽然种类就那么几种，款式也就那么几款，但每一款产品都是精品。"

这种先肯定别人，再抒己见的交流方式会让对方觉得——你不是在推翻他的观点，而是在他的观点上作补充而已，更容易让人接受。

没有人喜欢被否定，所以我们在沟通中要学会先肯定别人的观点，再表达自己的看法，这会让沟通的氛围变得融洽。另外，还需注意的一点是：在社交电商创业的沟通中，切忌以贬低或者诋毁竞争对手等方式来提升自我形象，这会让人觉得很没格局，也显得我们人品很差，不会给我们加分，反而会让对方产生厌恶感。

5. 学会看破不说破，给对方留一点余地

我们的老祖宗流传下来的一句话叫"得饶人处且饶人"。

意思是凡事不能做得太绝，须留有余地。

这是一种为人处世的智慧。在社交环节里，我们就需要这种智慧——对于某些事情要学会看破不说破，给别人留一些余地。比如，你和朋友去逛商场，朋友看中了一款衣服，她很喜欢，但价格很贵。朋友经济条件不太好，舍不得买。于是她告诉你其实她并不是很喜欢这种风格。你明知道对方是在说谎，就不要当面拆穿她，要给对方留一点颜面。一个人面对自己喜欢的东西却不能拥有它，心里已经很难过了。如果连维护自尊的谎言也被拆穿，下不了台，多难堪。

在社交电商创业中同样如此。如果某一天当你看到某位正在创业的朋友在朋友圈晒豪车、晒参加高档酒会的照片时，你明知道对方的豪车是租来的，高档酒会也是通过蹭别人的关系蹭到的，也不要试图去捅破这层纱。有时候，这层纱就如同对方的衣裳，你若捅破了就等于让别人裸奔了。为人处世，我们要学会适当给别人留一点余地，没必要事事点破。

看破不说破，是一种智慧，也是一种善良。在社交中适当保持这种善良是对别人的一种尊重。我们细想一下，一个普通人、一个创业者，如果他们需要借用这些高档的、奢侈的物品来充当门面的时候，说明他们的实力还不够强大，他们要借助这些东西让他们至少在表面上看起来还不错，以证明自己有本事。如果一个人足够强大，你看看马云，哪还需要用什么豪车、豪宅来证明自己？

6. 赞美别人要懂得技巧，要夸就夸到对方心坎上

赞美别人是一门学问。千百年来，不管时代怎么变，这门学问一直都在人们的社交生活中起着重要的作用。

我们赞美别人，目的无非就是让对方开心，让对方获得更多的自信、更多的精神力量。但不要觉得赞美这件事好像很简单，其实大有讲究。恰到好处的赞美应该是真诚的、准确的、及时的，并且独特的。

在平常的社交中，如果我们要夸一个人的优点，或者夸对方在某件事情上做得很好，一定是要发自内心的、真诚的，要让对方能够感受到你是真心实意地在夸他，而不是心不甘情不愿。比如，你的爱人很久没下过厨了，有一天他突然下厨做了满桌的菜。本来菜很难吃，你吃了两口就吃不下，但为了顾及对方的颜面，你还是一边心里抱怨着菜难吃，一边在嘴上夸对方做的菜很好吃。对方自知菜难吃，你的违心夸奖不仅不会让他感到高兴，反而觉得你是在讽刺他，让他心里很不舒服，从此再也不下厨了。所以，如果你对一个人的赞美不是发自内心的、真诚的，那情愿你不要去夸他，免得适得其反。假如面对上述这类情况，你想鼓励对方，可以在"做菜"这个行为细节上夸奖对方，并在最后加上一点建议。比如，你可以对爱人说："这道菜在刀工上做得不错，色泽上也让人很有食欲，如果味道再改进一点点就完美了。"这样一来，对方不仅会高兴，还会把你的建议听进心里，受到鼓励以后下次再做菜就会做得越

来越好。

如果说真诚是赞美的提前，那么"准确"就是它的灵魂。我们经常看到一些人，同样是夸人，有的人夸得对方心花怒放；而有的人夸完以后，对方反而一脸的不开心。后者就是我们常说的"拍马屁拍到了马腿上"。所以说，准确、适度很重要。

在社交中，如果我们要夸别人，一定要夸得准确，夸奖用词要适度。比如你有一个客户只是长得有三分像王力宏，你却夸他："你好帅啊，长得好像鹿晗呀，而且比鹿晗还要帅几百倍呢！"这就不合适了。第一，你夸偏了，对方明明像王力宏你却夸他像鹿晗，会让对方觉得"是你瞎还是我瞎呀？"。第二，夸得过度了，会让对方觉得"我又不是没见过鹿晗，你当我傻呀，比没比他帅我心里还没个底？"。有时候，过分的赞美就是嘲笑。这不仅会显得你的表现虚伪，而且会让对方觉得你有嘲笑他的嫌疑。所以，赞美不仅要讲究准确，还要适度。

此外，赞美的及时性也是很重要的。就比如，你的孩子一直有挑食的坏习惯，吃饭从来不愿吃蔬菜。如果有一天他突然主动吃蔬菜了，你要立即给予他赞美。因为你及时的赞美对于孩子来说就像甘露，可以强化他获得成就的情绪体验，让他有成就感。这样，以后孩子就会为了再次获得这种赞美的"殊荣"而再接再厉，主动去吃蔬菜。在平常的创业社交活动中，也是同样的道理。如果你团队里的伙伴进步了，要及时给予对方肯定和赞美。你的肯定与赞美，会鼓励他不断往更优秀的方向走。

当然，要想把赞美的话说到别人的心坎上，还需要一点新意、一些与众不同的赞美方式。

日常中，我们经常听到的夸奖词，类似"你真帅啊""你好有才呀""你好厉害呀"等等，都是很空泛、很普通的赞美方式，高级的赞美方式应该是——不空泛地赞美别人，而从细节上具体地赞美对方，夸到对方最稀罕的点上。

举个例子，有一个女孩长得超美，见过她的人都夸她五官精致、漂亮，听多了她都听腻了，感觉那不过是对方的客套话。直到有一天，有个追求她的男生约她出去吃晚饭。在氛围温馨浪漫的西式餐馆里，男孩含情脉脉地看着女孩，看得女孩都害羞地低下了头。这时，男生突然问了一句："你爸爸是不是当小偷的？"

在约会中突然被对方问这种突兀的问题，女孩瞬间懵了。她诧异地抬头辩解，"不是啊，我爸爸是老师。之前有跟你提起过呀，怎么可能是小偷！"男生听完后一手托腮，侧着头饶有兴致地看着女孩的眼睛，慢慢地说："那就奇怪了。如果你爸爸不是小偷，又怎么能够跑到夜空里，把天上的星星偷偷摘下来，藏进你的眼睛里？害得我都好想住进你的眼睛里。"女孩第一次听别人这么特别地夸她的眼睛好看，让她印象深刻之余，对对方的好感也瞬间升级。后来她就成了这个男生的妻子。

审美会有审美疲劳，赞美也是。如果我们一味空泛地赞美别人，只会让对方产生"赞美疲劳"，对你的夸奖毫无感觉。

因此，我们要学会从细节上，以独特的方式赞美对方，这才会让对方有感觉，并且记住你。

其实，在社交中我们赞美别人并不难，难就难在怎么去赞美别人鲜为人知的优点，怎么夸到对方最稀罕的点上去。就好比某创业平台一位年轻的CEO，经常有人夸他帅气，夸他年轻有为。说实在的，这种夸奖很多时候只会让他觉得这是一种客套话，很少会放到心里去。但是，有一个人夸奖他在某一次会议上的演讲特别棒，特别喜欢他那次演讲里的其中一段精彩的话语。这位CEO听完就特别开心。因为演讲口才好是他引以为傲的优点，也是他鲜为人知的优点。对方与众不同的夸奖方式，会让这位CEO觉得对方是在真心夸他的才华，真心喜欢他的演讲，自然对对方的印象就会特别深刻。

总之，在平常的社交电商创业活动中，如果我们想要让自己对客户的赞美能够做到与众不同，让对方由衷地喜欢和接纳你的赞美方式，并且对你印象深刻，那就先用心去发现客户鲜为人知的优点吧。

7. 出现问题的时候不要净说指责的话，要学会换种方式让对方认识到问题的本质

在生活中，我们经常见到一类人，他们虽然不分年龄、不分性别、不分身份，却经常做着一些相似的、看起来很正常却会让别人很难堪的事情——就是每当别人犯错的时候，他们总是用尖酸刻薄的语言攻击对方，用非常直接的方式指责对方的

不是。

比如，很多做父母的，自己的孩子在某次考试中考砸了，孩子回到家里，家长劈头盖脸就是一顿骂。骂孩子笨，骂孩子没出息，到最后还不忘来一个"你看看X家的孩子多聪明、多懂事"这样的对比来给孩子致命一击。又比如，有一些身为人妻的女性，她的丈夫在某次投资中因为没有看准，亏了钱。丈夫回到家里，妻子一上来就是一顿呵斥，责问丈夫为什么那么鲁莽，没看准就投钱进去，害得家里又亏了一大笔钱，生活质量都要因此下降了。再比如，一些销售公司的领导人，他的下属因为某种特殊原因丢了一个订单，他不分青红皂白就对下属一顿恶批……以上的种种行为，以及还有很多没有被列举出来的同类案例，主角在事件中的指责式表现其实都是情商极其低下的表现，他们所采用的沟通方式也是所有沟通方式中最没有效果的一种。

面对这类司空见惯的问题，我们不妨深度思考一下：一个孩子也好，一位丈夫也好，一名下属也罢，他们在外面受了挫折心里本来就已经很难受了；如果在你面前还要再受一次打击，他的尊严还要被你再践踏一遍，只会让对方的信心更受打击，让对方的内心更愧疚、更难过。这时候他们需要的不是你无情的责骂，而是你的理解、你的安慰和你的鼓励。有时候我们想让别人深刻地认识到一个问题的本质，不是只有呵斥和指责这种方式，换一种让对方舒服的方式，或许起到的效果会更佳。

比如在社交电商创业过程中，当某种特定情形下客户犯傻了、犯错了却不知道问题的根源所在时，作为创业者的你要学会采用恰当的方式让对方既能认识到问题的本质，也能欣然接受你的教诲，吸取教训，避免以后再犯类似的错误。编者曾经见识过一家票据打印机生产商的销售经理黄小姐处理类似问题，她就处理得恰到好处，我们不妨参考一下。

黄小姐算是行业内小有名气的销售精英，她的名气不仅来源于她出色的业务能力，还来源于她在处理客户关系中所展现出来的高情商。记得有一次，因客户订制的一批打印机的某个配件应客户要求临时换了供应商，结果产品生产到一半的时候配件出现了质量问题，他们不得不补购一批同型号配件才能继续生产，因此也耽误了这批货的正常交期。面对交期延误，客户很生气，打电话过来就是破口大骂。结果，黄小姐用了不到20分钟的时间就把问题解决了。她不仅让客户消了气，还让对方态度发生了180°大转变，反过来和声和气向她道歉。黄小姐是怎么做到的呢？

黄小姐是这么做的：她先向客户道歉并表达了自己已经在竭尽全力安排对方的货优先生产、发货；随后告诉客户她已主动向公司申请了一些配件赠送给对方，作为交期延误损失的赔偿，并且再三强调这些配件是她费了很大周折去协商，公司才破例批下来的，来之不易，让客户感受到她道歉的诚意。这时，客户的火气已经消退得差不多了。接着，黄小姐就跟客户分析问题，让客户认识到产品延期自己也有责任，不能全赖厂家。最后，黄小姐再来一波和风细雨的"训话"。她半开玩笑半带指责地"教导"客户，让客户明白黄小姐一直以来对他们的优待和特殊支持，不应该换来这种不可控问题出现时的不理解。客户转念一想，觉得自己的行为确实有点过，心生愧疚，于是就出现了上述客户反过来向黄小姐道歉的画面。

面对问题，黄小姐采用的处理方式，实际上和我们常说的"一个巴掌一颗糖"的道理大同小异，既让对方尝到了"糖"的甜，也让对方体验到"巴掌"带来的痛，使得客户痛并快乐着。这可以说是在沟通中情商非常高的表现了。但我们假设黄小姐采用的方式不是上述的这种，而是用了前述案例中父母对孩子的类似方式。当客户大骂的时候，她一味地说"我早就提醒过你了""你早就应该预估到这种结果"之类带指责的话，事态可能就已经往另一个极端发展了。因为这些偏激的话语只会火上浇油，让客户更加生气。结果很可能就是生产完这批货，双方的合作就终止了。

当然，以上案例中黄小姐处理问题的方式并不是人人都学得来，但是生意中的道理都是相通的。就像在社交电商创业中，当我们遇到类似这样的问题时，切忌净说责怪客户的话，防止把问题推向一个无法挽回的局面。我们要懂得像黄小姐一样，找到一种让对方舒服又信服的沟通方式：先安抚客户的情绪，然后给客户弥补损失,接着分析问题并找到问题根源,最后让客户认可和信服你的处理方式。

8. 荣誉面前要记得别人,责任当前要记得自己

在我们身边,总有人会错误地认为:"我有才华,我智商高;那我情商高不高有什么所谓?我又不需要依靠高情商去讨好任何人。"其实这种观点是非常狭隘的。

实际上,情商是才华的一部分,也是能力的一部分。越是出色的人,越是注重情商的培养,也越懂得什么时候心里要有别人,什么时候心里要有自己。那些在荣誉面前心里装有别人,责任当前心里念着自己的人,他们所体现的不仅是一种高情商,更是一种高贵的人品。情商的终极目的是利己,如果是有价值地讨好他人,又未尝不可。从事社交电商事业,明白以上这几点尤为重要。

那怎样才算是"荣誉面前心里装有别人,责任当前心里念着自己"呢?

关于前者,在某创业平台有一位名叫初莺的创业者就给我们树立了鲜活的榜样。记得每当初莺在一些大型的颁奖仪式中拿了奖,被主持人和台下的人夸赞的时候,她都会很诚恳地告诉别人:她获得的成就和荣誉都是团队里大伙共同努力的功劳;荣誉不是属于她一个人的,而是属于团队里的每个人的。所以,每一次初莺都会把当前获得的荣耀和团队的伙伴一起分享。

这就是一名优秀创业者情商高的表现。在创业中,如果我

们获得了荣誉或者利益，被别人肯定了，被夸赞了，一定要在心里牢牢记着那些帮助自己赢取当下成就的人，并且懂得以诚恳的态度把对别人的感激表达出来，让别人感受到。

关于后者，让人第一时间想到的大概就是日本人了。都说日本是一个全民素质很高的国家，我们暂且不看他们在其他方面好或不好，就纯粹地看他们在面对需要承担责任时的表现，的确令人信服。相信绝大部分人对于一些一到了要承担责任就到处"甩锅"，到处推卸责任的行为和人都深感厌恶。但是日本人在这方面就做得很好：一旦某件事情出了问题，被问责了，他们第一时间做的不是抱怨，不是推卸责任，而是先检讨自己、诚恳认错，第一时间从自己身上去找问题。这是一种素养，更是情商高的一种表现。日本人在这方面的表现，值得所有社交电商创业者思考和学习。

众所周知，社交电商永远离不开一个关键词"信任"。在社交电商创业中，懂得在自己获得成功、荣誉和利益的时候想到别人，提及别人，在需要承担责任的时候先想到自己，是一个人的人品在别人面前"现形"的表现。这种表现会让对方对你产生好感和信任感，这对于每一名创业者在后续的沟通和交易中都是有利而无害的。

举个例子，有一个顾客在一位创业者开的体验店里体验一款护肤品，体验后感觉不错，就通过这位创业者在某平台下单购买了一套同款护肤品，但快递公司在运输过程中把产品弄丢了。如果顾客找这个创业者问责的时候，这位创业者直接把责任全部推到快递公司身上，让顾客自己找快递公司解决，他就撒手不管了。那顾客心里肯定很不适、很生气，也一定会想：以后再也不相信他，再也不会上这个平台消费了。这时候这位创业者丢的就不仅仅是一个订单那么简单了，他丢的是一个顾客对他、对平台的信任，丢的更是顾客往后回购的机会。

相反地，当顾客问责的时候，如果这位创业者的做法是先诚恳地给顾客道歉，给顾客发一个小红包表达歉意，承认是自己没有跟进好物流的责任，然后联系平台马上给这位顾客补发一套产品，并且保证在预估的时间里将产品送到顾客手里。那顾客在心里就会觉得这个人态度不错，人品OK，做事很负责，这个平台也很靠谱。那当顾客用完这套产品的时候，他在这个平台复购的机会就会很大。

这就是情商高和情商低在营销活动中的区别和影响。

总之，我们要明白一个道理：没有人会喜欢一个有功劳就全部自己揽，要承担责任时就想独善其身，把责任全推出去，让别人去"背锅"的人，更没有人乐意和这种人合作。这是营销中必备的情商，更是一个创业者培养和维系创业团队不可缺少的智慧。

3.4.3 沟通应用之"成交四部曲"

世界之大,无奇不有。很多东西、很多事情看起来千变万化,纷繁芜杂,实际上是万变不离其宗。就好比老中医看病,虽然病症会有无数种,但是不管是什么病,医者都会通过"望、闻、问、切"四诊法进行诊断。

同理,在社交电商创业中,很多看起来无比复杂的营销行为,其实也遵循着一定的规律。比如,在营销中我们要与客户达成交易,我们前前后后所做的铺垫,以及最终达成的交易,都遵循着一个销售法则。我们将这个法则定义为"成交四部曲",又名"销售四部曲"。

很多人觉得销售很复杂,实际上是我们将其复杂化了。销售的本质其实就是问问题。

也就是说,"成交四部曲"的实质就是通过"问"的形式来倾听客户内心的声音,了解客户的需求。而从了解客户的需求开始,一直到达成交易,整个流程分四步走。

1)第一步:破冰式提问

破冰式提问是我们迈出与意向客户沟通话题的第一步,所有的成交都是从这一步开始的。

如果将一次完整的销售成交活动比喻成"挖莲藕"行为,破冰式的提问就像是露在泥巴和水之上的"藕茎",客户的需求就是埋在泥巴里的"连藕",我们只要顺着"藕茎"就能挖出"莲藕"。换句话说,破冰式提问是牵系客户需求和客户痛点的导线。

在销售活动中,我们可以根据受众的不同展开不同话题的破冰式提问。比如,意向客户是宝妈群体,我们就从宝妈关注的育儿或家庭话题等展开提问;若意向客户是上班族群体,我们则从对方关注的社交、网购或美丽等话题展开提问……不管意向客户是什么类型的群体,破冰式提问的核心都要围绕着意向客户关注的话题进行。下面我们就以某社交创业平台的一名创业者 K 到线下实体店进行地推为例。

K 的地推对象是其所在城市的一些生意不太好的实体店。地推时,K 可根据实体店的实况(如生意冷淡)作为话题开端,展开破冰式提问。比如 K 向店老板提问道:"老板你好,看你店里今天生意好像不太好。我们这里有一个项目,可以帮你弥补店里生意不好的境况,现在有很多店老板都在做,你有没有兴趣花几分钟了解一下?"通常这种"给对方带来价值"的破冰式提问一出口,意向客户的好奇心和兴致就来了。那么,接下来我们就可以顺着客户感兴趣的点接着往下聊,比如介绍项目的特点、优势,等等。

2)第二步:痛点式提问

每一个销售活动,都是一环接一环,环环相扣,层层铺垫的。当第一步的破冰式提问打开了话题,我们就要递进到客户需求挖掘和痛点分析的步骤。这一步，我们要把自己代入到客户的角色中去，从客户的角度去思考，并在换位思考中对客户展开一系列的痛点式提问。

所谓痛点式提问，就是以提问的方式猛戳客户的痛点，让客户意识到所存在的问题已经到了不得不解决的地步，强调问题的紧迫性。同时，我们通过戳客户的痛点激发客户的需求。

那具体我们要怎么做呢？我们接着上述创业者 K 的案例分析。当 K 向店老板介绍完项目的特点、优势后，对方肯定是免不了怀疑和犹豫的。此时，我们就要通过猛戳客户的痛点来增强对方"想解决痛点"的欲望。

在这个案例中，K 不妨把自己代入到老板的角色中，站在店老板的角度想象一下对方的问题和痛点是什么。很明显，店老板的生意不好，房租、水电压力大等等就是对方最大的痛点。那么，K 就可以选择对方最痛的点，比如从客户的房租压力痛点展开提问。K 问店老板："你这个店一个月房租至少也要几千块吧？现在生意难做，可能经常一天成不了几单；但是生意再差，你每个月租金还是要照常交的，对吧？如果你做了这个项目，最起码能帮你分担部分房租压力，也不会增加你的成本。"就是一定要边戳客户的痛点，边切入项目的对应优势，并列举该项目能为对方创造的价值和利益。

在这一步，我们的重点是围绕着客户的痛点用提问的方式反复戳，"狠狠地"戳，把客户的痛点戳得越痛，往后成交的概率会越大。

3）第三步：暗示式提问

当一项销售活动进行到差不多要成交的时候，我们往往需要通过一些婉转的方式试探客户的意向到底有多强。简单地说，就是看看客户是否有意成交，成交的概率大不大。这时候我们就要用到暗示式提问。比如平时有的销售员向一些学生推销计算机，等介绍得差不多的时候，销售员一般会问对方"你觉得这款电脑怎么样？配置合意吗？"又或者会问"你的预算大概是多少？"等等。其实，当销售员这样问的时候，他的潜在意思是"你对这款电脑的满意度是多少？这个配置是你想要的吗？"或者"这款电脑的价位是不是在你考虑的范围内？"等等。

一般通过这种暗示式提问，销售员就能试探出客户想购买这款电脑的意向强不强，再根据对方的回答做出相应的调整。

如果客户的回应是较犹豫的，就说明对方有意向，但是顾虑占的比重更多。这时我们就要"放大招"了，给客户来一支"强心针"——强化客户痛点，让客户的焦点聚集在痛点上，使其通过"思痛"来增强成交意向。

例如，在前面第一步的案例中，某创业平台的创业者K作了暗示式提问后，店老板仍有顾虑，表示要考虑一下。那接下来K要做的就是强化对方"店铺租金压力大"这个痛点。比如K对店老板说"我知道你担忧什么，但是你想想，现在你的生意不好，铺租又那么贵，如果你不尝试做些实际行动去改变，那这个月你还是要为租金问题发愁。并且就在你还瞻前顾后的时候，这条商业街已经有 30 多个店铺的老板已经靠这个项目解决了店铺租金问题。难道你就不想也有个门路来帮你减轻一下租金压力吗？"等等，要特别强调数字，给客户制造一种紧迫感。

总之，暗示式提问就是通过婉转的提问方式"套"出客户的成交意向和顾虑，再针对性地强化对方的痛点，使客户的成交意向盖过顾虑，为下一步达成交易做好铺垫。

4) 第四步：成交式提问

成交式提问，是整个销售活动的最后一步，也是最关键的一步。我们在这一步的表现会直接影响到一桩生意的成败。

在这一步中，一般出色的销售员或者创业者，都会将主动权紧紧地掌握在自己的手里。

例如，我们经常看到一些健身房的销售员在通过第三步增强了客户的成交意向以后，都会趁热打铁，向客户抛出"必须当下就成交"的"撒手锏"。他们会向客户营造一种紧迫感，让客户感觉到如果现在不成交的话，往后就没有这样的好机会了。就比如，健身房的销售员会问客户："你选 A 套餐还是 B 套餐？确定 A 套餐对吗？那我现在就让客户经理帮你申请个名额。这个优惠套餐的名额很有限，现在只剩 X 个名额了，如果我们晚一点申请，名额就没有了。"

一般有意向的客户听完都会当场敲定结果。

当然了，当一个销售活动进行到这一步，下一步就是跟客户"谈钱"了。这时健身房的销售员就会问客户："请问你是刷卡付款还是微信分期？"只要客户一付款，那么这单生意就成了。

总结起来就是，我们在对客户进行成交式提问时，实现成交最关键的一点是抓住主动权。我们要让客户"只能"选择"要好的"还是"要更好的"，而不是让客户选择"要"还是"不要"。这和经典营销案例中那个"卖面条加鸡蛋"的道理是一样的。该案例中，甲店会问前来吃面条的顾客"要不要加鸡蛋？"，而乙店则会问顾户"加一个鸡蛋，还是加两个？"。结果当然是乙店的鸡蛋成交率会更高。这是销售活动中提高成交率的一种技巧。

我们在实现成交这一步骤时，除了在提问中向客户营造"必须当下成交"的紧迫感以外，适当地增加优惠项作为砝码，也是有效提高成交率的技巧。我们继续以前面提到的某平台创业者 K 到线下实体店地推的案例为例，当店老板合作的意向非常强烈的时候，K 就可以向对方展示所在平台的邀请码，告诉对方现在扫码下载平台的 APP 有优惠活动。比如花一分钱就能买一款冬季护肤品，并能立即成为平台的尊贵 VIP 会员，立享 VIP 会员专属福利，还有一份新人礼包免费领取；或者是，现在注册会员，就可以获得平台一个"买一盒面膜，免费送三年"的超级福利等等。另外还要强调活动的时效性,传达给客户一种信息:如果现在不注册,往后就没有这么多的优惠和这么好的福利了。

综上,成交式提问其实就是我们在掌控了主动权和客户的心理特点以后,通过给客户营造紧迫感,向客户强调限时优惠等举措来进行的一系列促进成交的提问。

3.5 如何用服务为事业赋能,挖掘售后的巨大价值

在一个二线城市有一个城中村,村里住着上千名外来人员,他们基本上都是一些收入一般的普通打工者,几乎没有属于自己的代步工具。城中村的村口开有4家小型超市,其中有一家每天下班高峰期和周末都爆满了前来购物的顾客。人们经常排长长的队伍结账,也不愿去另外的几家超市购物。长此以往,这个超市的销售额就与另外3家拉开了极大的差距。为什么会出现这种悬殊的现象呢?难道是这个超市的帅哥、美女特别多?还是这里的东西特别好、特别便宜?

其实不是!在各方面条件相当的情况下,这个超市只是在顾客购物以后比其他3家超市多做了一件事情:顾客在超市购

买了东西,只要在购物袋上贴上门牌号和电话号码,超市就会派专人在半个小时内用三轮摩托车将东西送到顾客家门口。如此一来,村里的顾客就没有了东西买多了又提不动的顾虑,所以大家都喜欢在这个超市购物。

这就是售后服务的力量!你做的不一定要很多,可能一个小小的、与众不同的举动,都会为你带来完全不一样的结果。那么,在社交电商创业中,我们该如何用服务为我们的事业赋能,挖掘售后蕴藏的巨大价值呢?

3.5.1 第一单交易的售后服务乃重中之重

在营销中,有一个金句:"服务就是最好的营销!"从传统的实体经济,到传统电商,再到当前的社交电商,尽管时代在变,经济模式也在不断地迭代和丰富,但这个金句依然适用于任何一个营销活动。尤其是在社交电商创业活动中,随着产品同质化与平台模式同质化的趋势日渐明显,服务,特别是售后服务,已经渐渐成为社交电商创业者抢夺市场的重要的竞争力。

在社交电商创业中,创业者若把售后服务做好了,一方面可以赢得良好的口碑;另一方面,客户在售后获得了良好体验,也将会为创业者带来更大的持续性价值,比如产生二次销售或者实现客户裂变等等。

然而，很多创业者不知道如何才能实现二次销售或客户裂变，其最大的原因是没弄明白客户复购或裂变的前提是什么。

到底是什么呢？

一是客户对产品的满意度；二是客户对售后服务的满意度。产品是创业者在一开始选择平台或品牌的时候就确定了，其决定客户满意度的因素无非是产品质量和性价比这两大方面，只要创业者在一开始选对了就没什么问题。所以，我们更需要关注的是售后服务是否让客户满意了。作为社交电商创业者，我们一定要明白，每一次售后服务都是下一次成交的售前服务，相当重要。特别是第一单交易后的售后服务，乃服务中的重中之重，不容懈怠。

为何第一单交易后的售后服务是重中之重呢？

首先，第一单交易后的售后服务是一个创业平台或者一个品牌在客户心目中树立良好形象的关键；其次，它也是提升客户满意度和忠诚度，塑造平台或品牌良好口碑的重要途径。就好比男女之间交往，双方第一次约会，你只有表现良好了，才能在对方心目中树立良好的形象，才会让对方产生好感，也才会有往后的第二次、第三次约会……最后双方转化成恋人关系。在创业中，创业者大可将每一场营销活动都当成与客户的一场"恋爱"，并把第一单交易的售后服务做到极致，让客户从第一次就"恋上"你。具体应该怎么做呢？

第一，做好售后跟踪。

社交电商创业者在第一个订单成交后，主动做好售后跟踪是非常有必要的。常规的售后跟踪包括发货后的跟踪，以及客户收到货后的跟踪。

在发货后的跟踪环节，我们要做好两件事：第一件是货品发出后我们要及时将物流信息告知客户，让客户知道大概什么时候能收到物品，也能让客户感受到我们的贴心服务。第二件是货品发出后要密切关注物流信息，及时将货品在运输中可能出现的延迟配送、物流丢件、货品磕碰损坏等突发情况告知客户，并迅速做出应急处理，让客户知道我们是很负责任的。要尽量控制物品在运输中出现的突发情况给客户带来的不良体验感升级恶化，避免这些突发情况影响客户对创业平台的印象。

此外，当客户收到货后，我们的售后服务也不能停。比如客户收到产品以后，我们要实时跟进客户的产品使用情况，包括指导客户如何使用产品其效果才最好，并提醒客户在使用产品的过程中需要注意哪些事项；又或者是客户在使用产品时出现了不适的情况，指导客户应如何处理等等。只要我们将上述的售后跟踪都做好了，那么我们基本上就已经在客户的心目中留下了一种"贴心、尽职尽责、靠谱"的形象，这是增加客户信任感的重要途径。

第二，做好售后常见问题的处理。

一个订单完成以后，客户对产品和服务都很满意，这当然是每一个创业者都想要的结果。但是，任何一单交易，我们都不可能百分之百保证不会出现任何问题。客户对产品包装不满意，对物流不满意，对产品在运输中出现损坏的结果不满意等等常见的售后问题我们难免会遇到。当这类问题出现后，作为创业者，我们首要考虑的是如何快速解决问题。高效的售后问题处理方式应该是积极应对，积极处理。

首先，我们的心态要端正。当面对客户的不满和抱怨时，不要抛出类似"我正在处理，请静候结果"等敷衍地回应，这样的态度只会让客户觉得你没有认真对待这个问题，会越听越恼火。正确的做法是及时进行积极的回应，认真倾听客户的抱怨，诚恳向客户道歉以表诚意。

其次是安抚客户的情绪，耐心分析问题，向客户解释清楚导致此售后问题的原因，并且向客户提出合乎情理的补救措施。比如客户购买了一瓶洗面奶，在运输中瓶盖被磕破了一个角，虽不影响使用，但影响到了客户的心情，客户很不满。那我们就要采取一些措施进行补救，比如给客户退返适量的金额作为补偿，或者承诺下次客户再下单时赠送一些物品给对方作为补偿等等。所谓小财不出，大财不入。适当地做出补偿，表面上我们是付出了一些财、物作为代价，但实质上我们却赢得了客户的满意度和好感，这是促使客户复购的基础。所以，小小的付出是值得的。

最后是继续跟进，直到问题彻底解决，客户最终满意为止。例如上述给客户返现金作为补偿或者补发产品作为补偿，在后期我们一定要继续跟进，以确保客户实实在在地收到补偿金、补偿物品，彻底消除客户的不满情绪。

第三，做好售后回访。

很多人不明白售后回访的意义是什么。售后回访，其实不仅仅是单纯地跟客户聊聊天，做个售后调查问卷就完了。有效的售后回访，应该是了解客户对产品的满意度，对我们服务的满意度的最好途径；同时也是我们了解客户产品使用情况，以及了解客户持续性需求或挖掘客户新需求的重要途径。

在给客户进行售后回访时，我们需要掌握一定的技巧。首先我们回访的频率不能太低，也不能太频繁，通常以3～4次为佳。

第1次回访，我们基本上选择在客户收到货不久后进行，主要是给客户一些使用上的建议，让客户通过更贴心、更人性化的方式更好地了解产品的使用方法。

第2次回访，一般是在客户使用了产品一段时间后进行的。主要是通过回访了解客户产品的使用情况，比如产品使用效果、使用中遇到的问题等等，做好客户问题反馈的登记，并及时给客户一些改进性的建议。

第3次回访，在第2次回访后间隔一到两周进行为宜，主要是了解我们给客户提出改进性建议后客户的使用情况是否有所改观，并提醒客户继续保持良好的使用习惯。

第4次回访，我们通常选择在客户购买的产品快用完的时候进行，主要是了解客户是否有持续性的需求，或者挖掘客户在此产品基础上延伸出的其他新的需求。比如，一位客户在某平台购买了一套美牙仪，客户使用了一个月以后感觉效果不错，但是配套的凝胶快用完了。这时候，聪明的平台创业者就会在第4次回访客户时提醒客户"再使用一个月效果会更佳"，并建议客户再补充一些凝胶等。当客户回应暂时不需要补货或者要隔一段时间再补货时，创业者就往牙齿修护和维护的方向挖掘客户的新需求。例如向客户推荐该平台上修护效果和清洁效果都很好的一款牙膏和电动牙刷套装。这样一来，客户进行二次交易的概率就大大提高了。

在订单完成后，我们一定不要怕麻烦就不做客户回访了。客户回访是我们在客户心目中树立一种良好服务态度的表现，能为我们的好产品锦上添花，增加客户回购率，甚至还能赢得客户的转介绍，为我们带来更多有相同需求的新客户，从而实现客户裂变。

有时候，客户使用了产品后即使效果很好，如果我们不及时做回访，不及时做好客户反馈内容的优化改进，可能客户用完后，下一次就会去别的地方购买功能相似的产品做替代，我们就彻底失去了二次交易的机会了。所以，一定要学会及时做回访，不要把机会拱手让给竞争对手。

3.5.2 区分消费者与创业者，针对性进行服务优化

在教育界，伟大的教育家孔子提出了因材施教的理念，对不同特点的学生进行针对性培养。在营销中，如果我们想让后期的营销活动更有成效，我们同样需要将客户进行分类，对消费者和创业者区分进行服务，有针对性地对他们进行售后服务优化。

将消费者和创业者分类的第一步是进行客户分组和建立客户档案。（客户档案：即把客户的姓名、年龄、身份、职业、消费习惯、消费需求、何时达成首单交易、其属性是消费型还是创业型等等信息都记录下来。）

在后期的营销活动中，消费型的客户其营销重心更偏向于商品复购的板块，而创业型的客户重心则更偏向于团队裂变和团队培养的板块。因此，将两类属性不同的客户分组管理，分类进行档案建立，一方面方便我们在后期进行客户维护和精准化管理，另一方面我们可以更有目的性地给客户进行相对应的价值输送。

首先，对于消费型客户，在售后服务中，我们做好 4.5.1 中的："做好售后跟踪，做好售后常见问题的处理，做好售后回访"这三大方面就基本 OK 了。但是对于创业型客户，我们售后服务的重点聚焦在对客户进行专业知识的培训，为客户在

创建团队、培养团队和复制团队方面提供思路和方法指导。

　　一般而言，我们给创业型客户进行的专业知识培训包括：对创业平台基本情况的了解；产品专业知识培训；营销知识培训等等。培训的方式可以选择将培训内容做成文档、图片或录制成视频，发送给创业者自行学习；或者建立创业者培训群，在群里直接以语音授课的形式对创业者进行阶段性的、系统性的培训。而在客户团队搭建的模块中，我们要做的主要是为客户提供一些创建团队的可行性思路，以及一些高效实用的团队创建和团队维护的方法。例如有创业者想开工作室，我们就给对方提出一些创建工作室的可行方案和创建工作室的思路等。至于创业者自己的团队培养和团队复制，可以直接复制上述我们对创业型客户采用的培训方法。

3.5.3　做好客户的后期维护跟进

　　在营销活动中，开发客户和维护客户都是一项投资，都需要创业者投入时间、精力、耐心等成本。一般而言，我们开发一个新客户的成本往往要比我们维护好一个老客户的成本高出几倍。换句话说就是，做好客户的后期维护和跟进是降低成本最好的办法。

　　客户维护问题已经是一个老生常谈的问题了，可是很多创业者仍然很困扰，找不到技巧。其实，对客户的维护跟进，归根结底就是做好三个核心点：

第一，感情维系；

第二，价值输送；

第三，福利发放。

1. 感情维系

感情维系，通俗地说就是对客户进行持续性的关心，用感情去维系客户关系，增强客户黏度。客户对创业者的信任感往往都是从一些细微的关怀中开始慢慢建立起来的。即使一个客户只成交了一次，并且短期内没有需求，但是我们坚持做好感情维系，与客户保持情感交流，时间长了客户就会慢慢记住我们，当他有需求的时候也会首先想到我们。

做好客户感情维系的关键是用心，较常用的方式包括经常向客户嘘寒问暖，与客户保持互动。比如换季了，给客户一个温馨的提醒，让客户注意一些季节性的小问题；客户生日或者传统节日到了，给客户发一条暖心的祝福信息，或者给客户打个祝福电话、发个祝福小红包以表心意等，让客户感受到温暖，感受到我们的贴心和用心。另外，情感交流也是维系客户关系的重要方式。例如定期主动找客户谈谈心，关心一下对方的生活状况等等。

感情维系是一项长期性的工作，靠的是我们长期的、细致的、不间断的问候和关怀，让客户感受到自己受到了足够的重视,从而在潜移默化中提高客户黏性。

2. 价值输送

价值输送,可以说是营销活动中不可缺少的法宝。如果客户愿意停留在一个圈子里,比如社群,一般都是有所求或者有所取。简单地说,就是客户所停留的圈子有他想要的东西,能够持续为他提供价值。

我们看到很多创业者在建立起客户群以后很难留得住客户,其很大的原因就在这里。一个社群,如果缺乏价值输送,就很难形成商业闭环,更无法建立商业生态。这就很容易导致当社群不能持续满足客户的好奇心,不能投其所好的时候,客户就会毫不犹豫地选择离开。因此,对客户进行价值输送,是维系客户关系不可缺少的步骤。

那么创业者应如何对客户进行价值输送呢?

首先,我们应对客户进行适当的分类。按照客户的类别和特征,分类建立起特性不同的客户分享群,比如消费型客户的分享群、创业型客户的分享群。也可以按照客户的职业属性或者年龄属性等进行分类建群,例如宝妈类客户分享群、学生类客户分享群等等。

当客户分享群建立起来后,下一步就是对不同类别的客户群有针对性地进行形式多样化的价值输送。比如,定期在创业型客户分享群里进行营销干货的分享、创业者日常营销经验分享等等,分享对创业型客户有用的东西。再比如宝妈类客户分享群，我们可以经常性地在群里分享一些育儿经验、带娃技巧等等宝妈们最关注、最感兴趣的实用知识。

价值输送的形式可以多样化——图文、纯文字、语音、视频等形式都可以。但是值得注意的是，不管我们用何种形式进行价值输送，内容的长度都不宜太长，尽量精简、扼要，避免因内容"又长又臭"削减了客户的耐心或降低了客户的阅览欲望、观听欲望。

3. 福利发放

福利，是最吸引人的东西，人人都爱。给客户发放福利，是维系客户关系中最直接、最高效的方式，也是增强上述两个核心点效果的有效途径。如果上述的价值输送是看得见却摸不着的价值，那么客户福利则是看得见又摸得着的价值。

给客户发放的福利一般可分为奖励性福利和节日性福利。

奖励性福利是指客户做了一些有积极意义的举动，我们给他发放一些福利作为奖励，以鼓励客户再接再厉，并以这个奖励吸引或鼓励更多的客户参与到类似的活动中来。例如，在上述的创业型客户分享群里，有的客户经常自主地进行营销经验分享。对于这种积极分享实用知识的客户，创业者可以给他们发个大红包或者赠送一些精致的产品作为奖励。

节日性福利，是指在一些重要的日子，比如传统节日、重要纪念日、客户生日等给客户送上一些节日福利、生日福利等等，让客户感受到他是被我们重视的，被惦记着的。

有目的性、有规律性地给客户发放福利，可以快速拉近客户与创业者的距离，加速客户的感情升华，进一步加强客户的信任度和忠诚度，对维系客户关系非常有帮助。

3.6 社交电商创业中的十大错误想法

每一种新的商业模式出现并且开始大行其道的时候，在商机面前人们往往会展现出两种截然不同的行为模式：一类是顺势而行，紧随时代趋势，争当新商业浪潮里的弄潮儿；另一类是抱着守旧和怀疑的态度，默默观望，不愿相信也不敢行动。这两种完全不同的行为模式往往也带给他们完全不一样的结果——前者多成为新商业模式里的受益者，名利双收；后者则往往躲在角落里看着别人的成功默默后悔。

后悔的那一类人，始终没有勇气踏出第一步是因为他们对新型的商业模式有太多错误的想法。当社交电商新时代到来，类似的错误想法仍然在持续。我们来盘点一下这些错误的想法都有哪些。

- **错误想法1：定论社交电商行业也是"肥水不流外人田"，认为别人推荐的创业平台是因为不好做才会推荐给"外人"。**

分享经济已经成为时代的发展趋势，社交电商作为分享经济的一种形态，它的核心精神就是分享。在过去，做生意是渠道为王，品牌为王。那时候"酒香不怕巷子深"，商家有好的产品就不怕卖不出去，也不怕赚不到钱。但是，随着时代的发展，随着商业形态的多元化和商品的多样化，营销的重心已经逐渐从"渠道为王，品牌为王"转移至"产品为王，用户为王"。

在这种趋势下，"酒香也怕巷子深"，只有懂得分享的人才能获取更多的用户，获得更多的商机。因此，对于至今仍抱着"肥水不流外人田"观念，并认为别人分享给你的创业平台是因为不好做才会推荐给你这个"外人"的人，只能说他墨守成规，跟不上时代的步伐了。身处分享经济大潮，若不懂得分享的意义，只会离这个时代越来越远。

- **错误想法2：一棒子打死一船人，认为社交电商平台都是卖假货、卖劣质产品的。**

在过去的几年里，互联网的迅速发展促使了微商等电子商务的快速崛起。但是早期的电子商务由于处于新生期，监管难度大，因此也让许多不良商家有了钻漏洞的机会：各种伪劣假冒产品趁机混进市场。尤其是微商行业，由于伪劣产品屡见不鲜，导致不少人对微商的印象就是"卖假货、卖伪劣产品"。即使到了今天，电子商务已经演化出了新的靠谱的商业模式——社交电商模式，但人们的思维还没扭转过来，认为社交电商平台也是出售伪劣假冒商品的平台。

其实，这不仅是一种错误的想法，也是一种偏见。时代是不断进步的，我们不能"一棒子打死一船人"。任何时代，任何一种商业模式都是有利有弊，绝不能片面地去看待它，而是要有与时俱进的思维和观念，有判断性地去看待它。不管是微商也好，社交电商也罢，都在互联网的发展下不断优化改进。更何况，经过前面数年的铺垫和积累，国家在电子商务方面的监管越来越完善，监管力度越来越到位，对商家全方位的要求越来越严格，对出售伪劣假冒商品的商业行为的打击力度也越来越大。也就是说，当前正规的社交电商平台都是受到严格监管的，其可信度早已超出了我们的想象。因此，创业者应放下偏见，用与时俱进的眼光看待社交电商行业。

- **错误想法3：认为参加了几次创业培训课程，不用努力就可以赚到钱了。**

实践是检验真理的唯一标准。无论作为创业者的你参加过多少创业培训课程，如果课程结束后你不学以致用，不到实践中去检验它的可行性，那么你学再多也是纸上谈兵。所有的创业培训课程，只是给创业者提供一些思路和方法，至于行不行得通、适不适合你，还需要创业者亲自去尝试才知道。

凡欲成大事者，切忌抱着"听几次创业培训课程，不用努力就能赚到钱"的心态，行动力才是创业成功的关键。

- **错误想法4：不愿自用，自己本身对平台就信心不足，却一心想赚别人的钱，功利心太强。**

在社交电商创业过程中，总有一部分创业者由于对创业平台的了解不够而对平台信心不足，因此也就不愿意自用平台的产品。但是当他们看到该平台的红利很诱人的时候，即使他们内心并不认同这个平台，也会为了赚钱而不顾一切地去做推广。这种功利心过强的心态，万万不可有。

　　社交电商是与人打交道的行业，人为本，利次之。把人服务好了，利也就随之而来了。如果平台的产品创业者自己都不愿意用，又如何能让客户相信平台产品的品质和安全性？创业者自己本身对平台的信心不足，又如何能让客户对平台产生信任感？

　　自用是最好的广告，自用反馈就是最好的说服力。创业者一旦选择了社交电商行业，就应了解这个行业，端正自己的态度，摒弃功利心，应抱着产品自己用了不错所以分享出去的心态去做推广。在社交电商行业，要有先诚后利的意识，才会得到客户的认可和信任。

- **错误想法5：认为平台的产品价格太透明就赚不了钱。**

　　比起传统的营销模式，依托互联网的巨大传播力而快速发展的电子商务，其信息公开化程度和市场透明度更高，市场竞争力也更加激烈。在这种整体电子商务平台的产品信息趋于透明化的环境下，社交电商平台再想降低产品价格的透明度已然不可能。那么社交电商平台又能依靠什么去竞争呢？——在产品质量、服务、性价比等方面做出差异化。做到产品质量比别人更好，服务质量比别人更高，性价比也比别人更高。在这些方面都具备了优势以后，创业者就不怕赚不到钱了。当然，产品质量和性价比一般由平台本身决定，创业者在选对了创业平台以后，只要在服务客户方面下足功夫，做到让客户心悦诚服，产品的价格再透明也能赚得到钱。

- 错误想法6：想快速拓宽人脉就乱加好友。

社交电商创业，在发展人脉的过程中最忌讳的就是"病急乱投医"：为了快速拓宽人脉而乱加好友。人脉在当今时代有时候就是一个伪命题，所有没有互惠价值的人脉都是伪人脉。就像前几年大火的都市剧《欢乐颂》里面的女主樊胜美，她为了得到更多的人脉，每天挤破脑袋都要去各种高端聚会场合，到处发名片、要名片。虽然她的通讯录里躺着各行业"大牛"的名字，但是到了她有困难、真正有需要的时候，这些所谓"厉害"的人脉还不如她的一个在咖啡店里卖咖啡的合租室友管用。所有这些连接不上的人脉都是伪人脉。

社交电商创业者在积累人脉的过程中，最重要的是学会精准定位，筛选出有价值的客户加好友，宁缺毋滥。对自己没有任何价值的伪人脉宁可不要。因为加一个精准客户比加一百个非精准客户更有价值。

积累人脉是一个循序渐进的过程，急不得。当你的精准客户不多的时候，应先维护好已有的精准客户，再将这些"老客户"变成你人脉裂变的主力军。人脉的积累通常遵循着一个定律——"250定律"。这个定律是一个美国著名的推销员乔·吉拉德提出的。乔·吉拉德认为，每一个顾客的身后，大约有250名亲朋好友；如果你赢得了一个顾客的好感，就意味着你赢得了250个人的好感。同理，你维护好了一个老客户，就意味着你将赢得与250个意向客户合作的机会。

- **错误想法7：为了博取关注就盲目转发别人的朋友圈，暴力刷屏。**

朋友圈是创业者展示个人魅力的窗口，是传达社交电商重要信息的媒介。创业者想要让自己的朋友圈得到关注，关键是要让你的朋友圈变得有趣、有价值，让别人透过你的朋友圈就能感受到你独特的人格魅力。

为了博取关注而盲目转发别人的朋友圈进行暴力刷屏，是一种极其错误的做法。没有针对性的暴力刷屏就像强行揉进别人眼里的沙子，只会遭人抗拒、厌恶和反感。与其盲目刷屏做无用功，创业者不如好好打造朋友圈，让自己的朋友圈变得有趣又有料。当你的朋友圈有趣又有用的时候，关注度自然就会高了。

- **错误想法8：聚焦点仍然停留在销售的层面上，在社群里只会发广告。**

社交电商创业离不开社群，社群是维系客户关系最重要的介质。随着分享经济的不断深入，社群营销成为了实现团队裂变最快的途径，社群的巨大价值也正在不断地被挖掘。然而，很多社交电商创业者在利用社群进行营销时，其聚焦点仍然只停留在销售的层面上，在社群里只会发广告。

将社群纯粹当成广告发布的场所，是非常错误的想法。社群的价值在于其能够快速凝聚焦点，再将焦点的价值变现。所以创业者在进行社群营销的过程中，应想方设法激活社群。不管你是借用红包雨等福利还是通过不断在社群里进行价值输出来激活它，当社群的活跃度上升到一定程度，社群成员之间有良好连接的时候，就是社群价值变现的成熟期。这时候再适当发布产品的销售信息才会大有成效。

为了让社群在社交电商创业活动中发挥其最大的作用，创业者应在创建社群的时候就要明确自己建立社群的目的是什么（社群定位要清晰），也要让社群成员知道这个社群是干什么的。只有当彼此都清晰了解社群的属性以后，这个社群才不会轻易沦为广告发布群，才能发挥其该有的作用。

- **错误想法 9：以为找到一个领路人就决定了一切。**

在社交电商创业中，最不可理喻的一种想法是社交电商创业者认为自己的创业成果好与坏完全取决于自己的领路人。当自己的创业成果不佳时就把所有责任归咎于领路人，断定自己是因为没跟对领路人才会如此不济。往往有这种想法的创业者都是在创业活动中喜欢抱怨的一类人，这种想法不过是他们在为自己的失败找的一个借口。而在抱怨的时候，他们往往忽略了一个道理——"师傅领进门，修行在个人"。

领路人只是给你指明了一条路，给你一些建议和方法参考，至于路要怎么走下去，谁都帮不了你，你的路必须靠自己去走。你事业成败的决定权都掌握在你自己手里，如果你自己都不努力，不去寻找合适自己的方法，就算让马云来当你的领路人，你依然做不好这份事业。所以，创业者与其纠结于有没有跟对领路人这种无济于事的奇葩想法，不如静下心好好反思一下自己到底是哪里出了问题，找出自己做不好的问题根源并解决它。

- **错误想法10：认为平台有专门的售后服务，自己完全不需要进行售后跟进和维护。**

真正的销售是从售后开始的，每一次售后服务都是下一次销售的开始。

举个简单的例子，两人恋爱结婚，婚后女方会不定期地向男方索要表白，比如"我爱你"之类的。通常男方都会嫌烦，认为都已经是夫妻了，不爱又怎么会在一起呢，在一起就是爱，说不说又有什么区别。但是女方就会很痛苦，认为男方没有婚前那么爱她了。

其实这个例子就说明，婚后需要更多"我爱你"的表白去维护这份感情。对于女方来说，真正的"爱"是从婚后开始升温的。而对于营销活动来说，真正的销售是从售后开始的。

创业平台虽然给客户提供了专业的售后服务，但平台所提供的售后服务通常只是针对已经成交的销售活动，而对于下一次客户是否会回购的掌控性和引导性都极弱。换句话就是，除已成交订单的售后问题以外，客户关系的维护、客户情感和忠诚度的培养，以及引导客户进行二次销售等一系列售后跟进和维护问题仍需要创业者自己去解决。平台的售后不是万能的，即使一个创业平台的售后服务再专业、再完善，它也代替不了创业者在营销活动中所担任的重要角色。创业者是连接平台与客户之间的桥梁，一旦创业者与客户有了第一次交易，彼此建立了合作关系，客户就需要创业者不定期的服务来寻求安全感。而这些安全感是平台售后难以持续提供的，需要靠创业者来满足。

　　因此，即使社交电商创业平台已经提供了完善的售后服务，但创业者也不能过度依赖平台的售后力量。因为能够让客户加深对平台的了解程度，让客户由心动产生二次交易的引导权掌握在创业者的手中。创业者始终是主宰整个营销活动的核心。

Chapter 4 《电商法》来了，也不要慌！

2019 年，对于中国电子商务行业来说，是具有里程碑意义的一年。1 月 1 日，前后历时 5 年，经过了 3 次公开征求意见、4 次审议之后才出台的《中华人民共和国电子商务法》(简称《电商法》)正式实施。它的出台，意味着中国电子商务行业将告别多年的野蛮生长模式，正式进入有法可依的时代。那么,《电商法》的到来，究竟是谁的春天，又是谁的冬天呢？

4.1 《电商法》实施,有人欢喜有人愁

2019 年,对于电子商务行业来说,最大的"惊喜"就是《电商法》的出台。

随着《电商法》的正式实施,网上关于这部法律的言论铺天盖地,网友们讨论得热火朝天,不少人大呼这是"惊吓"。其中不乏认为像海外代购、微商这样的商业模式就要"凉凉"的声音。很多社交电商从业者一听到《电商法》要实施了,觉得自己的财路要断了,纷纷表示会退出不玩了。显然,人们对《电商法》的认知存在一些误解,大家都以为《电商法》的到来对于电子商务、社交电商行业来说是一场灾难,以为国家终于要使出撒手锏来对付这个行业了。所以在《电商法》实施的初期,我们总是能看到了一些让人啼笑皆非的现象,例如一些海外代购人员的朋友圈宣传画风在短期内发生了 360 度大转变。

《电商法》实施前,代购们在微信朋友圈的产品宣传画风是这样的:

2019年1月1日《电商法》实施后，他们朋友圈的产品宣传画风变成了这样：

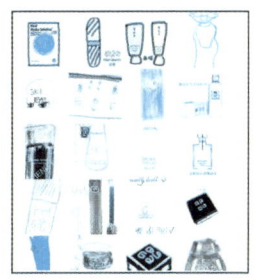  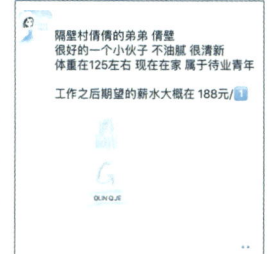

这些清奇的画风，颇有"灵魂画手"附体、"故事大王"上身的味道，惹得不少网友调侃"不会几门拿得出手的才艺都不好意思去做代购"。

无论是一个个摇身变成了精通八国语言的超级代购，还是各自使出了看图猜文、中西合璧的绝招，种种看起来充满趣味的行为都透露出电子商务从业者内心对《电商法》到来的恐慌；每一条搞笑图文的背后都隐藏着他们的担忧与不安。

当然，有人欢喜有人愁。还有一群人对《电商法》的到来是拍手称快的，他们就是消费者。

《电商法》的实施的确给消费者带来了许多利好的消息。比如以往消费者在一些非第三方平台上网购，买到假冒伪劣产品投诉无门；一些商家设置了暗中搭售，消费者在不知情的情况下"被迫"进行了不必要的消费，吃了亏却像哑巴吃黄连——有苦难言；一些电子商务平台的入驻商家雇"水军"刷好评，变相诱导消费者购买"货不对板"的产品；等等。这部

《电商法》对一系列侵犯消费者权益的行为的处罚力度十分惊人，还明确了电商平台应有的责任和义务。《电商法》可以说是给消费者"撑起了腰"。往后随着《电商法》的深入实施，消费者的合法权益将得到更有效的保护，网购会变得更加放心、舒心。而从某种程度上来讲，《电商法》的出台也是消费升级的一种显著体现，它将会直接或间接地促进消费满意度的提升。反过来，消费满意度的提升也将会拉动电子商务行业的发展。

所以说，《电商法》并不是一部限制电子商务发展的法律，它并不会扼杀海外代购、微商等社交电商模式。相反的，它是一部发展法，一部促进法。《电商法》作为中国电子商务领域首部综合性法律，它将海外代购、微商等商业模式列入其中，本身就是对这些行业的一种认可。它只会让那些通过互联网进行交易、创业的人更加规范地依规守法，让其经营的那些良莠不齐的产品都有一个标准规范。《电商法》的实施，对于消费者来说，能使他们更加放心地购买产品，甚至在购买后出现了问题也可以走法律渠道进行维权；它对正规电子商务经营者也有一个非常大的好处，就是可以剔除同行业的非法行为或恶性竞争行为，获得更稳定的市场，更好地杜绝"一颗老鼠屎坏了一锅粥"的现象。

总的来说，《电商法》的到来既是消费者的春天，也是电子商务合法经营者的春天。它的出台只会让那些不法、不良商家步入寒冬，远离市场；让中国的电子商务行业在正确的轨道上，在国家认可的轨道上更有序、更健康、更长远地发展。

4.2 亮真相！关于《电商法》十个涨姿势的解读

谈到《电商法》的立法背景，它所耗时长和严谨性可以说是史无前例的。这部法律从起草、立法到实施，耗时长达5年，并且经过了全国人大4次审议，向社会征求了3次意见；可见国家对这部法律的重视程度非同一般。这部法律颁布的目的也在条文里充分体现出来：它的出台是支持和鼓励电子商务的发展，目的是要保护各方主体的利益，包括消费者、平台和平台经营者的合法利益；维护市场的公平竞争；建立良好的市场秩序。所以整部法律的核心内容概括起来就是十二个字：促进发展，规范行为，维护秩序，保障权益。

那么，作为电子商务行业的参与者或潜在参与者，关于《电商法》我们应该要了解哪些呢？下面十个涨姿势的关键点解读，你不可不知！

1. 明确界定"电子商务经营者",将微信、网络直播销售商品、提供服务等纳入管理范畴

相关问题:

微商,是近年来新兴的网络交易模式,它发展迅速,很大程度地丰富了人们的消费方式。但同时由于微商颠覆了中国5000年历史中"商贸"这一重要社会模式,在很多方面都是无前例可循的,因此也存在不少的问题。比如由于缺乏信用保证体系、入门门槛低、无实体店作为载体、无营业执照等等特殊的情况,交易中一旦出现消费纠纷,一些品行不佳的微商就会通过直接删除好友或更换账号等手段来逃避法律责任,消费者维权困难。除此之外,诸如虚假宣传、不兑现承诺等情况在微商中也非常常见;更有甚者,借助"微商"的名号进行非法传销。类似种种恶劣的现象使得"微商"这个词逐渐成为被大众质疑诟病的字眼,也使得微商越来越难做。

解读:

《电商法》实施后,其在法条中通过"其他网络服务"将诸如微商、代购这样的新形态和涉及主体纳入其中,明确规定利用微信朋友圈、网络直播等方式从事商品、服务经营活动的自然人也属于电子商务经营者,同样也要接受国家相关部门的监管。此规定的落实,不仅是国家赋予了微商这样的社交电商一个合法的身份,是微商出现多年以后第一次承认它是一个行业,承认它的合法性;而且有利于国家加强对相关领域的监管,

有利于人们更好地解决相关的消费纠纷；更重要的是，将会让诸如"微商"这样的电子商务模式更加规范化，使其在人们心目中重新树立起健康的、良好的信用形象。

2. 主体登记纳税，其实就是给电子商务经营者发一张合法"身份证"

相关问题：

互联网的高速发展催生了许多新型的商业模式，但过去由于没有相关的法律法规管束这些新型的商业形态，微商、海淘、海外代购等一直都处于"三无"身份的境地。在缺乏监管的阶段，一些一心只想捞金的不法分子、无良商家便有了可乘之机，他们带着各种劣质产品混入市场，真假难辨，最终的结果就是这些人把整个市场都做烂了。就以微商这个行业为例，好的微商产品和模式本来比比皆是，但是由于部分人把微商的名声做坏了，结果很多消费者就不相信了，好的微商也就很难继续做下去。加上这类本身灵活性强、变动性大的商业模式未纳入纳税范

畴，与线下实体产生一定的利益冲突，也引发了不少的争议。

解读：

《电商法》的出台意味着电子商务经营者进入到有"身份证"的时代。法条中提出的主体登记，其实就是给电子商务经营者颁发一张"身份证"，赋予他们合法的身份。这个规定的好处就是能够达到"易辨识、可溯源、能追责"的交易安全和便利监管的目的，一旦出了问题一查便知道是谁的责任。另外，在主体登记要求上国家并没有"一刀切"，而是对特殊情况保留了一定的法律空间。比如"个人销售自产农副产品、家庭手工业产品，个人利用自己的技能从事依法无须取得许可的便民劳务活动和零星小额交易活动"可不登记。也就是说，你家里养的鸡生了几个蛋，你吃不完拿去网上卖，是可以不办工商登记的；再比如你没事在家做了几个手工艺品放到朋友圈去卖，这种零星小额的交易也是不需要登记的。

除了通过登记获取合法"身份"以外，纳税也是《电商法》中人们最关注的一个点。法条中指出，不管经营者规模大小，税收征管实行无差别征税；而且不管是大额交易还是小额交易，经营者都有义务开具税务发票，以避免经营者避税。很多人觉得纳税会增加做生意的成本，对电子商务活动是一种制约。但实际上，不管是主体登记还是纳税，都是国家希望通过法规让线上和线下的规范逐渐融合，平衡线上与线下的利益关系，让电子商务和线下实体在统一的标准管辖下实现平等，彼此平衡发展。这对于推进新零售的发展未尝不是一件好事。而从另一个角度看，纳税也相当于变个法儿让不法电子商务经营者欺骗消费者、售卖假冒伪劣产品的成本变高，从而将其从市场上剔除，还正规电子商务经营者一个公平、健康的经营环境。

3. 别了，恼人的"大数据杀熟"

相关问题：

我们发现，随着大数据技术的发展，它给我们带来便利的同时也带来了一些恼人的问题。例如不少消费者在线预约车辆或者预订酒店时就屡屡遭到一些平台或者电商的"杀熟"。曾经就有消费者称，自己经常通过某旅游服务网站预订某个特定品牌酒店的房间，价格长期在 400 元到 450 元之间。一次偶然的机会，他无意中了解到，酒店房间淡季价格低于 400 元，随后他用朋友的账号查询后发现是 350 元，但用自己的账号去查还是 400 多元。显然，同一时间段预订同一家酒店的同款房型他的价格要比其他人的贵上好几十元。

解读：

如今，类似上述"看人下菜碟"的杀熟现象日益严重。这都归因于大数据技术的发展让电子商务经营者积累了大量的用户个人信息、交易记录等，于是很多经营者（包括不少大平台）都心照不宣地倾向于根据不同消费者的个人兴趣爱好、消费习惯、支付能力等进行区别推送，有目的性地提供搜索结果，精准营销。针对这类利用"个性化推荐"为借口的"杀熟"现象，《电商法》中明确规定了三点：一是电子商务经营者根据消费者个人特征提供商品、服务搜索结果的，要同时向该消费者提供不针对其个人特征的选项，尊重和平等保护消费者的知情权、选择权等合法权益；二是发送广告的电子商务经营者，还应遵守《广告法》规定；三是明确了违反本条规定的行政责任。这些规定将让"大数据杀熟"的恼人问题不再困扰消费者，也让其他合法的电子商务经营者有了更加公平公正的竞争机会，可谓是双赢。

4. 变相搭售让人忍无可忍，有它无须再忍

相关问题：

有过在某些在线旅游平台上选购旅游产品，或者在一些网络平台上预订机票、车票经历的消费者几乎都遇到过这样的情况——就是在消费者不知情的情况下，平台默认勾航空保险、酒店优惠券等付费项目。比如订张机票给你搭个"专车"接送券；买张车票，默认给你勾住宿优惠券；买个旅游产品给你默认勾保险……这种"默认勾"的猫腻行为，让人们不胜其烦。更可恨的是，一些网络平台对于这种"疯狂搭售"的套路乐此不疲，即使频频被媒体曝光仍"屡教不改"。

解读：

类似上述这种电子商务经营者在销售商品或者提供服务过程中，采取使用极小字号、默认勾等方式，让消费者在不知情或难以察觉的情况下出让一些权利，或者被捆绑搭售的行为，

都属于变相强制搭售行为，不仅有违诚实信用，也侵害了消费者的知情权、选择权和公平交易权。针对这类问题，《电商法》中明确规定，搭售商品或者服务，要以显著方式提醒消费者注意，并且禁止作为默认同意的选项。法条中也规定了违反相关条例的对应行政责任。这部法律通过多角度规范，有力打击"默认钩""强买强卖"等霸王行为，很大程度上维护了消费者的知情权和监督权。另外值得我们注意的是，法条中并不反对套餐式的销售，只是强调商家必须要向消费者说明情况，不能让消费者在不知情的情况下默认钩某些套餐。这表明国家一方面在保护消费者的合法权益，另一方面也兼顾了电子商务经营者的营销自由权。

5.押金退还难，难于上青天，出了新规，这个问题就有救了

相关问题：

从 2016 年开始，ofo、小鸣、小蓝、摩拜等共享单车遍布中国大江南北。然而，自 2017 年之后，不少共享单车企业由于融资困难、资金链断裂等原因而相继破产停运。随之而来的就是消费者向这些共享单车企业缴纳的押金退还难的问题。由于大多停运的共享单车企业存在违规挪用押金行为，不少消费者所缴纳的押金有去无回。而且关于押金的问题，在交易预订商品方面也经常出现。比如一些品牌手机经常会在官网或某些平台上搞预售活动，商家会向消费者收取一定的预售押金，

并且设置一些类似"中途申请退订，押金不退还"等不合理的条件，或者故意设置一些退款障碍，使得押金退还难问题成为消费者的日常困扰。

解读：

在交易预订商品过程中，只要消费者还没收到货，他的支付款都可以被理解成押金。而某些网络平台租用业务中所出现的押金则更好理解。押金是预订或租用特定物品的质押担保，属于担保物权的一种，主要担保合同或协议的履行。按理说，押金的所有权是属于消费者的，经营者在任何情况下不得挪用或者没收。针对押金退还问题，《电商法》中明确规定了三点：一是电子商务经营者收取押金应当明示押金退还的方式、程序，不得设置退还障碍；二是只要符合退还条件的，电子商务经营者就要及时退还；三是违反法条规定的将会由有关主管部门责令限期改正，并且将面临行政处罚，情节严重的最高罚款可达50万元之高。这些规定一方面明确了电子商务经营者的押金退还义务，另一方面保障消费者的合法权益。这对于解决押金退还问题无疑是一个天大的好消息。

6. 强化平台责任，只要是进入了平台的经营者，平台都要尽责监督

相关问题：

2017年7月，某高校一毕业生通过一个互联网招聘平台找工作遭遇传销骗局遇害。事件发生前，该平台一直允许招聘

单位在该平台发布职位：只要资料合规，不用审核也可以发；如果没有用户举报，就不强制审核，因此给了传销人员可乘之机。继此事件之后，2018年相似的事件再度发生——2018年5月、8月连续两起女士乘坐某网约车平台的顺风车被司机强奸杀害案件引起了社会广泛关注。据报道，该平台存在对司机审核及人车一致问题管理不善、对顺风车夜间运营未尽相应义务、缺乏便捷有效的紧急救助方式、对消费者的投诉处理管理不到位等问题。

解读：

已出现的一系列由于平台的监督不到位而造成消费者健康、安全受到威胁甚至危害的问题，其严峻程度使得强化平台的底线责任迫在眉睫。所以，新出台的《电商法》中明确了电子商务经营者要"知道或者应当知道平台内经营者销售的商品或者提供的服务"，若有对消费者的人身安全或者财产安全造成威胁的，要及时制止，否则将依法承担连带责任。另外，法条还对平台内经营者利用平台侵害消费者合法权益的情形进行了细化，明确提出"销售的商品或者提供的服务不符合保障人身、财产安全的要求，或者有其他侵害消费者合法权益的行为"必须采取相应的措施。除了以上的民事责任以外，《电商法》还规定，如果平台有相关的违法行为，还要依法承担行政责任和刑事责任。也就是说，以后如果有人借助平台销售或者提供对消费者财产、健康、安全等有害的产品或服务的，法律会先处理平台,再处理商家;如果产生了法律问题,也是平台要先承担相应的法律责任,然后才会找平台内经营者,因为平台和平台内经营者的责任是连带的。

7. 别老想着灰色地带了,以后雇水军"刷单""擅自删差评"等行为也属违法

相关问题:

绝大部分消费者在进行网购时,都会有一个习惯,就是会先翻看一下产品的销量和别人的评价。如果销量大、好评多,选择的意向就会强一些。但事实上,现有的很多网购平台上的好评和销量都是雇"水军"刷出来的;还有一些商家利用"好评返现"等小恩小惠诱导消费者给好评,甚至有些商家擅自删除差评,抹除消费者对产品的真实反馈。这就致使很多消费者在网购时等拿到产品了才发现实物与宣传图片及其在评论区看

到的反馈出入很大，有"上当受骗"的感觉。

解读：

消费评价、交易记录等是消费体验的重要一步，也是后续消费者购物的重要参考。但是近年来，虚构交易、编造好评、删除差评等有损消费者知情权和选择权的行为成为网购平台诱导消费的惯用伎俩，甚至还催生了一大批"刷单专业户"。

针对这类让消费者头疼的"炒信"问题、"刷单"问题，《电商法》中明确规定了禁止虚构交易、编造评价，平台不得删除评价。规定出来后，就不存在什么灰色地带了，以后电子商务经营者在交易中都要"全面、真实、准确、及时地披露商品或者服务信息"，不能用虚假的交易记录和编造的评价来误导、欺骗消费者。此外，法条还规定了平台经营者必须给消费者提供对商品或服务的评价功能，要建立健全的信用评价制度并公示信用评价规则，同时不能随意删除消费者的真实评价。法条中还明确违者将受到行政处罚，情节严重的最高处50万元以下罚款。

有句话说得好，"出来混，早晚是要还的"。在《电商法》实行后，雇"水军"刷好评，虚构交易销量等一些商家认为很正常的行为都会是违法的，一旦触碰，面临的就是巨额罚款。这对于保护消费者的知情权、交易选择权等合法权益，以及创建良好的市场竞争环境意义重大。

8. 竞价排名、"自营"业务都要显著标明

相关问题：

2014年，西安某科技大学一名身患恶性软组织肿瘤的学生在网上通过某搜索引擎查找到北京某医院进行治疗，后因该医院的医疗水平不佳耽误了其最佳治疗时间，并在花费了近20万元医药费后于2016年不治身亡。此事件引起了社会的极大关注，也引发了人们对网络排名竞价机制问题的质疑和思考。其实，近年来除了排名竞价问题备受关注以外，关于网购"自营"业务的标识问题也困扰着消费者。曾有消费者称自己在某平台上购买标称"自营"的产品，收到货后发现产品与平台宣传的不符，当其向平台讨要说法时却被平台偷换"自营"的概念。

解读：

目前，关于商品或服务的综合排名在网上普遍存在，这些排名密切关系到消费者的选择权益。例如在一些购物平台上，我们会经常看到一些商品的综合排名，或者推荐购买商品的排行。这些排名会直接影响消费者最终的选择。而这些排名基本是平台内商家的广告投放。说白了，所谓的竞价排名实际就是广告，如不标明，就会干扰到消费者对商品或服务的客观评价和判断，损害消费者的利益，也会对电子商务市场的健康发展造成不良影响。针对这个问题，《电商法》中规定，竞价排名的商品或服务，应显著标明"广告"。一来是更好地保护消费者的知情权，二来是通过此规定对电商经营者的竞价行为进行

必要的限制，也是为了避免可能出现的不正当竞争行为。

此外，对电子商务行业里的"自营"业务问题，《电商法》中也明确做出了规定：自营标记必须更加规范和明显。这是由于有一些网购平台在网页宣传上混淆自营业务与非自营业务的概念，在消费者维权时又以平台经营者是非自营主体作为抗辩理由，拒绝承担责任。因此，法条中规定平台经营者开展自营业务的，要以显著方式区分标记，并明确规定标记为自营的业务要依法承担销售者或者服务者的民事责任。这些规定就是为了防止平台经营者从事自营业务时，一旦发生问题就推诿塞责，逃避监管。法条也明确了违反规定的罚则，保障法律规定有效实施。

9. 对"快递无限延期""商家随意毁约"行为说"不"

相关问题：

每年在"双十一""双十二"这样的大促销日子，消费者网购时往往会遇到很多令人郁闷的问题。比如"双十一"的快递"双十二"才收到；比如有些商品下单时明明是现货，结果付款后等了半个月甚至更长时间才发货；再比如有些商家通过"大降价"的手段吸引消费者下单，等获得订单后又以商品缺货、操作失误、系统出错、订单异常等理由进行"砍单"（即在后台取消订单），单方毁约，让消费者承担经济损失。而有一些网站，还利用格式条款规定消费者成功下单并付款后，并不代表双方已建立合同关系，只有商家确认发货后，才算合同成立。有的网站甚至规定，在任何情况下，由于商品缺货等原因对消费者带来的损失，一概不负任何责任。

解读：

针对商家随意"砍单"的问题，《电商法》中明确规定了三点：一是电子商务经营者发布信息符合要约条件的，用户选择商品或者服务并提交订单成功，合同成立；二是平台经营者、平台内商家不得以格式条款等方式，为自己的毁约行为制造借口；三是格式条款等含有消费者支付货款后合同不成立的，其内容无效。这些规定的出台，无疑为消费者撑了腰，让以往商家挖坑给消费者跳的不厚道行为得以遏制。

另外，针对网购中"快递无限延期"的问题，法条中也规定了电子商务经营者要按照承诺或者与消费者约定的方式、时限等向消费者交付商品或者服务，并承担商品运输中的风险和责任，但消费者另行选择快递物流服务的情况除外。《电商法》作出这些规定，一方面有利于督促经营者诚实守信，认真履行合同义务，减少消费者的维权困扰；另一方面，对那些在交易过程中一旦出现"爆单"就想钻制度空子的侥幸行为也起到了一定的制约作用，对于保持电子商务行业的整体信用度是非常有利的。

10. 禁止"二选一"不正当竞争行为，净化市场竞争环境

相关问题：

2017年"6·18购物节"期间，某平台为保证促销期间供应商及货品数量，锁定了后台商家。另一个平台则在自身强势品类上提出要求供应商"二选一"的对策，要求商家将其在另一家平台上的所有商品下架，并要求商家发公告将此消息向外界公示，否则将采取措施严惩商家，比如停掉商家在其平台上的所有流量等等。一些商家迫于压力，不得不照做。随着时间的推移，类似的现象不断呈现：有些平台为了获取更大的流量，往往强迫经营者签订独家销售协议，让商家接受不合理的入驻条件，否则就给入驻商家增加特定不利条件，比如削减活动资源、屏蔽商家的推广信息，等等。这类问题在零售电商和物流快递行业尤为突出。

解读：

"二选一"是在平台竞争过程中产生的一种乱象，它不仅会干扰正常的商业环境，损害商户的利益，而且减少了可供消费者选择的平台内经营者、商品或者服务品种、数量等等，使消费者在进行比较、鉴别和挑选时的自主选择权受到侵害。尤其是近年来，由于行业竞争日趋激烈，关于电商平台通过或明或暗的方式施压、逼迫或暗示商家"站队"，进行"二选一"等的传闻不断，"二选一"变成了热度不输一线流量明星的热门词汇。

针对这类经营者垄断的不正当竞争行为，《电商法》中明确提出要禁止。法条中规定，电子商务经营者因其技术优势、用户数量、对相关行业的控制能力以及其他经营者对该电子商务经营者在交易上的依赖程度等因素而具有市场支配地位的，不得滥用市场支配地位排除、限制竞争。同时还规定，平台经营者不得利用服务协议、交易规则以及技术等手段，对平台内经营者在平台内的交易、交易价格以及与其他经营者的交易等进行不合理限制或者附加不合理条件，又或者向平台内经营者收取不合理费用。违反相关规定者，将严惩。此规定一方面有助于解决平台欺凌商家的不正当竞争行为，有助于促进市场公平竞争；另一方面也有助于保障消费者拥有更多的消费选择。总之，这些规定能够更好地杜绝市场竞争中的垄断性霸凌行为，对于消费者和电子商务经营者来说都是利好的。

Chapter 5 竞争加剧，社交电商如何破局？

创业这个词，轻而易举就能让人联想到梦想。的确，大多数经商人的创业之路，都是始于梦想。然而，梦想是美好的，现实往往却是残酷的。在万人过独木桥的创业之路上，很多看起来"小而美"的生意，实际上并没有想象中那么美。我们见过太多壮志凌云的追梦人雄心勃勃地踏入创业大潮，最终却带着遗憾悲情地离席。剩下那些从激烈竞争中突破重围的强者，在经历涅槃重生的考验后大放光彩。

那么问题来了，在机遇与挑战并存的局势下，面对市场竞争的加剧，社交电商如何破局？创业者又该如何才能脱颖而出？

5.1 社交电商的行业典范——众享亿家
所谓奇迹,都是"信念+教训"造就的

2019年,社交电商行业进入了新一轮的洗牌期。随着社群团购、短视频经济、社交新零售等新型玩法的不断推出,寻求行业转型成了大部分企业,尤其是互联网创业企业的头等大事。在众多成功转型的社交电商企业中,社交电商创业平台众享亿家一马当先:在平台已经做到了行业翘首的基础上,构建了团购板块。

若细究众享亿家的发展之路,你会发现:作为互联网创业界的后起之秀,众享亿家才刚走过了成立以来的第三个年头。这在一些经济学人士及创业成功者看来,这个在过去毫不起眼的社交电商平台,能够单枪匹马跨过互联网创业界所谓的"鬼门关",并撑到今天,算是一个奇迹。但对众享亿家本身而言,这份所谓奇迹的背后,是坚定的信念和无数血的教训的集结。而这些,也并不是众享亿家独有的成长特色,而是所有成功的创业企业都曾走过相似的路。

5.1.1 通往创业成功唯一的捷径，是"脚踏实地+坚持利他"

在创业的道路上，如果成功有捷径，那就是"脚踏实地"打造品牌和"坚持利他"造福消费者。人们熟知的电子行业巨头华为就将这条成功公式演算得相当漂亮。华为在电子产品研发上数十年如一日地坚持精益求精的态度，将品质过硬、技术领先、价格亲民的电子产品从国内市场做到世界舞台，成为国之荣光。另一个互联网独角兽小米，则凭借极致的"利他"原则缔造了行业经典。一直以来，小米专注于产品人性化的设计及满足精准用户的精准需求，将粉丝需求作为电子产品研发的重要参考，长期把造福消费者作为品牌运营的重中之重，将"粉丝经济"运用得炉火纯青。也正是凭着"重用户，轻管理"的企业定位，将80%的精力集中在踏踏实实做产品上，小米才开挂般把一开始只是一个小公司的企业做成了业界神话。

无独有偶，出身社交电商行业的众享亿家创业平台，在品牌打造和运营战略上也有着相似的认知与坚持：始终将"脚踏实地"做品牌和坚持为消费者谋利益作为平台发展的主要战略。

其实很多企业，尤其是刚刚起步的创业型企业，很容易在企业发展与业务多元化这两个节点上产生错误的认知——认为公司进入高速发展期以后，开展越多元化的业务，迅速扩张规模，扩充产品线，就越能创造出更多好的产品，企业就能发展得更好。但事实上，这种做法很容易导致企业实力与期望值不匹配，多项业务一手抓，很可能得到的是"一个项目都抓不好"的结果。因为一个创业企业，人力资源有限，管理团队的精力也有限，想同时去做很多事情，并且期望每一件事都做到称心如意是很难的。

在团队人员有限、领导人精力有限的情况下，把绝大部分精力集中在最重要的业务上，齐心协力攻克，用最快捷、最有效的办法将一件事做好以后，再利用足够的资源去做第二件事情，结果才能与期望值相匹配。而众享亿家所做的，就是聚焦最重要的业务，将精力集中在最能让平台不断壮大和持续发展的领域。

近两年，虽然在外界看来，从一开始以进驻平台商家为主导，到树立自营品牌，再到推出团购模块，众享亿家的业务重心好像有所转移。但事实上，众享亿家的业务核心始终高度聚焦在定位为"品质高端，价格优惠"的自主品牌打造上。自主护肤品牌维纳丝便是众享亿家平台的"王牌"之一，其他品类的产品只是给平台锦上添花的附加品。"少即是多，追求精品，脚踏实地将主导品牌产品做到极致"，是众享亿家自成立以来一直遵循的做事法则。

另外，与大多数社交电商平台一味地追求流量转化、追求流量快速变现的做法不同，众享亿家将目光放得更远。当很多平台争先恐后推出各种门槛大量"抢"人变现时，众享亿家却选择放慢脚步培养客户的忠诚度。众享亿家致力于为消费者推出更多品质优良、大众又消费得起的优质品牌产品，同时又将产品的利润通过砍掉中间环节等方式让利给平台的创业者，将"利他"精神融入品牌打造和平台营销的每一个环节中，通过提升用户满意度和忠诚度来实现精准用户的转化。

其实，众享亿家所坚信的"慢即是快"的用户转化原则，实际上是看透了大多数急于求成的平台快速抢人、短期变现之后，客户又快速"死掉"的本质：没有好的产品与忠诚度维系的用户关系，终究不会长远。优质、高黏度的用户都是需要企业用心培养，需要有好的产品和好的激励制度去维系的。

总的来说，社交电商平台想要在已有项目上做到足够出色，又能在新的领域独领风骚，至少需要在两方面下足功夫：一是集中发力，将有限的精力聚焦在最重要的领域，脚踏实地打造品牌口碑；二是坚持通过为消费者谋福利的"利他"精神俘获用户的心，培养用户的忠诚度。

5.1.2 小不舍必酿大失，"懂得取舍"是企业活下来的"锦囊"

"小不舍必酿大失"，这是很多创业企业在经历了创业路上某些艰难的选择后得出来的结论。其实在互联网创业的大潮里，不管你是"大船"还是"扁舟"，用户都是"水"；水能载舟，亦能覆舟。但偏偏就是有那么一些拎不清的创业者，一边想要极力维护品牌的声誉，一边面对不利因素又不肯牺牲一丁点儿利益。本想"鱼和熊掌一起兼得"，结果却两头皆空。

前几年红遍大江南北的某电商品牌"某某优品"就为创业者们展示了一个反面的教材。面对该平台上假货泛滥的现象，消费者埋怨声连天。为了维护平台宣扬的"只卖正品"的声音，"某某优品"的高层做了一个自杀式的举动：一边坚决否认平台出售假冒伪劣产品的行为，一边知假纵假，任由伪劣假冒产品横行市场。结果可想而知，多次声讨无果的消费者对"某某优品"平台大失所望，纷纷离去。用户走了，品牌的招牌也砸了，往后再努力补救也回天乏力。

放眼整个市场，一个企业、一个平台的命运因为产品供应链某一个环节的掉挡而彻底被改变的案例数不胜数。而事实上，传统电商、社交电商等与互联网挂钩的行业，也处处埋藏着足以摧毁整个平台前程的"地雷"。供应链就是一个重灾区。当创业者深入这些行业时会发现——很多刚起步的传统电商、社交电商创业企业，由于缺乏经验或者缺乏监管，在产品供应链的搭建上很容易被卷入"次品、假货"的漩涡。轻则被供方或不良商家在部分产品上偷梁换柱，以次充好，对企业的声誉和利益造成一定的损失；重则内忧外患，一边被外部输入不良产品，一边内部照收伪劣产品赚取回扣，腐蚀企业。面对这些乱象，如果企业管理团队选择无视或逃避，后果都只有一个：企业慢慢走向灭亡。

乱象当前，吃亏之时，懂得及时取舍，当断则断，才是企业活下去的法宝。这也是众享亿家在供应链的泥潭里经过多番挣扎总结出来的沉痛教训。吃亏，对于很多处于缺乏经验阶段的社交电商企业来说是常有的事情。2017年，成立之初的众享亿家遇到最糟心的事情就是平台被卷入了"假货"的漩涡，数十万货款换来了一大批掺假产品。不能退货，不能退款，平台运营资金又严重匮乏的境况，换成任何一个社交电商平台，只要创始人稍抱一点侥幸心理，让掺假产品流入市场，平台接下来面临的都将是灭顶之灾。然而，与"某某优品"及很多铤而走险的平台的做法不同，众享亿家在评估利弊轻重之后，选择"宁为玉碎不为瓦全"的做法，忍痛销毁所有掺假产品，以维护平台消费者的权益，也以此明示平台坚决不出售伪劣假冒产品的决心。

回归到社交电商创业这件事。"吃亏"和"获益"这种冲突是创业平台常遇到的，而且平台很容易在两者之间做出错误的判断。但有时候"吃点眼前亏"并非坏事，只顾及眼前的利益有时也未必是好事。一个社交电商平台只有拥有严格监控商品品质的自觉性,以及绝不容许不良产品损坏平台声誉、侵犯消费者权益的决心,才能在关键时刻做出正确判断,舍小取大。

5.1.3 生意做到一定阶段,一定要懂得回馈

羊有跪乳之恩,鸦有反哺之义。回馈不仅是从人类到自然界都在奉行的美德,也应该是企业在生意做到一定程度时应有的作为。企业回馈社会意义重大并且形式多样,可以是投身社会公益活动;也可以助力某些特殊的群体,扶持他们渡过难关;又或是将企业所得的一部分取出来,以福利或奖励的形式回馈消费者、消费商……

在回馈社会这个议题上,不同的企业有自己的出发点和方式。有的企业选择正儿八经的公益活动,像阿里巴巴,就通过设立"阿里巴巴公益基金会"来帮助社会弱势群体,并在其第三方支付平台支付宝的"蚂蚁庄园"板块上推出了多项爱心公益项目,让每一个支付宝用户都可投身公益事业。又比如京东上线了"京东公益物资募捐平台",借助京东独特的平台优势助力社会公益项目。当然了,也有部分企业选择"不走寻常路"的回馈方式。譬如拼多多的另类公益,就是通过上线"一起拼农货"的公益项目,来助力"蒜农"销售滞销大蒜。除此以外,不少社交电商企业还会选择多元化的回馈路线。以众享亿家为

代表的社交电商创业平台,就从爱心助学、公益助农、平台消费商人情关怀、助力平台消费商圆梦等多种方式回馈社会。

其实对于回馈这件事,社会上总有一些质疑的声音,认为企业投身公益事业,不过是以"回馈社会之名,行作秀之事"。一个普通的企业也好,一个社交电商平台也罢,它回馈社会的举动,其深层的意义远大于我们明眼看到的那些表象。

总而言之,企业回馈社会并不是作秀行为,更不是吃亏的行为。企业的经济效益本来就产生于社会,当企业的生意做到一定阶段时,应懂得"取之于民用之于民"的道理。通过对社会弱势群体的帮扶和反哺,成就他人,也成就自己。正如众享亿家社交电商创业平台助力果农促销滞销大枣、滞销菠萝的举动一样,既帮助了果农解除燃眉之急,渡过难关;也为平台拓展鲜果类供应链获取了优质资源,何乐而不为?

▲众享亿家在云南举行助学公益活动

▲众享亿家高层考察湛江徐闻滞销菠萝实情

5.2 拼多多：从两大巨头中拼出一条血路，它的成功绝非偶然

提到拼多多，相信很多人脑海里第一时间浮现的是拼多多"帮我砍一刀"的魔性拼团小广告。这个在近两三年快速崛起的电商 APP，利用微信社交链接进行病毒式的传播，加之采用了结合社交圈的全新商品推荐机制，硬是在阿里巴巴和京东领衔的国内电商格局中杀出了一条血路。成立不到三年，拼多多便成功上市，成交总额超过千亿元，仅次于阿里巴巴和京东，成为中国互联网商业的又一大神话。

相对于其他电商巨头，拼多多崛起的速度确实惊人。因为要达到同样的层次，亚马逊和淘宝用了 5 年时间，唯品会用了 8 年时间，京东用了长达 10 年的时间，但是拼多多只用了 2 年多的时间。然而，拼多多的成功绝非偶然，当其他电商还在"人、货、场"三要素中的"货"或"场"上进行深化时，拼多多已经跳出了这个固有的思维框架，充分利用微信社交工具加强人与人之间的联系，重构了营销框架，通过社交电商另辟蹊径，实现了去中心化的营销路径。这些突破式的创新，都是拼多多能够在竞争激烈的电商行业中抢得一席之地的制胜武器。

5.2.1 从别人没有的地方开始突破

当产品、行业模式同质化程度越来越高时，社交电商的突破口往往存在于别人没有的地方：从现有模式上进行优化升级，做出差异化。

就拿从微信生态圈诞生的拼多多来说，它能够在阿里巴巴及京东等电商巨头几乎垄断中国电商市场的局势下脱颖而出，靠的就是模式上的创新和资源上的整合。与传统电商和传统微商都不同，拼多多并没有单纯围绕"货"和"场"两大商业要素进行深挖，也没有单纯在"人"这个要素上死磕，而是整合了电商和社交电商的优势，将娱乐社交的元素融入电商运营中，并且加入了"拼团"的元素，形成了"社交＋拼团＋电商"的综合型创新模式。利用这种创新型的商业模式，拼多多一方面能够充分借助微信社交链"传播范围广""传播速度快""传播成本低"的优势进行品牌宣传和商品推送；另一方面，拼多多"拼单"元素的加入，给产品贴上了"超实惠"的标签，从视觉上就能够充分刺激目标客户的购买欲。

另外，拼多多在人性的拿捏上恰到好处。比如拼多多推出的"帮我砍一刀"商品分享推荐小广告，就充分体现了其对人性的洞察。"帮我砍一刀"看似是一个简单的商品分享链接，实质上大有学问：一是它利用了微信熟人"不好意思不帮砍"的人性特点。无论你之前有没有下载过拼多多的 APP，有没有听说过拼多多这个名字，只要亲朋好友甩个链接过来"喊你砍一刀"，举手之劳，你都不好意思不帮忙。但只要你点开了链接，就会进入拼多多小程序的相关页面，这无形中就提高了拼多多的曝光率。二是拼多多的获客方式充分利用了"利他"思维。通过"你帮我砍一刀，然后你分享链接也能获得免费领取商品的机会"这种互惠互利的方式，拼多多让所有的参与者都得到了优惠。每个人似乎为对方做了贡献，又互相成就，互不亏欠。从某种意义上来说，不同于拉分享，也不同于做微商，拼多多通过口口相传的拼单模式，反而更容易让参与者形成一种自觉分享的行为习惯，无形中就让无数人为拼多多打了免费的广告。

凭借着异于常规的营销路径，拼多多在与两大电商巨头的角逐中巧妙地避开了正面交战的弱势，通过社交电商的错位竞争战术反而在电商领域中轻松占得一席之地。

截至今日，尽管很多社交电商创业者对拼多多仍看不上眼，但拼多多作为社交电商创新模式的开拓者，它突破市场竞争重围的思维方式确实值得广大社交电商创业者学习。毕竟创新思维，突破精神，在任何时候都是社交电商企业谋求发展及脱颖而出必备的竞争力。

5.2.2 路从大到小走不通，那就反过来走一遍

有的路，从大到小走不通，可能反过来走一遍就通了。在这个论点上，拼多多就用行动进行了论证。

拼多多——与其说它的成功归功于其创新的商业模式，不如说更多的是源于其深层次的底层力量推动。换句话说就是，拼多多的竞争突围，离不开战略上的支撑。

关于竞争突围这件事，小米的创始人雷军曾说过一句话："战术上的勤奋掩盖不了战略上的懒惰。"这与拼多多创始人黄峥宣扬的"确定好要做正确的事，然后再把事情做正确"的处事态度有着异曲同工之处。

在战术上，拼多多改变了以往的电商模式，通过社交的流

量和电商转化，机智地避开了阿里巴巴和京东，通过错位竞争来获取市场地位。这一战术，也让拼多多在短期内就成了独角兽。在战略上，拼多多目标定位清晰，一开始就将目标用户聚焦于处于金字塔底层的人群。在考虑到低收入人群的需求后，拼多多利用廉价商品以绝对的价格优势获取巨大商机的同时，让利给了目标客户，也成就了自己。而在进军市场方面，拼多多深谙一二线城市是阿里巴巴及京东等电商巨头的主战场，"正面硬碰""一条路走到黑"这种方式并不利于它进攻市场。于是拼多多选择了一条逆向包抄的道路：起盘之初直接把目光投准三四线城市，借助"农村包围城市"的战略方针快速起步、迅速积累用户。但是拼多多也很清楚，一二线城市才是电商的主流市场，依靠中国的三四线城市及乡村市场作为切入点，依靠廉价商品积累原始用户，只是拼多多打入市场的第一步。当市场下沉到一定阶段，完成了"原始积累"后，回归主流市场才是拼多多的终极目标。

所以，你会发现，近一年来拼多多正在频繁地向一二线城市的用户抛出橄榄枝，努力撕掉自己身上"廉价""下沉"的标签。在今年的"618"购物节期间，拼多多通过发布百亿的农产品补贴计划。对高频消费的水果生鲜品类的补贴在一定程度上刺激了一二线城市用户的消费，一二线城市的用户包揽了接近70%的农产品订单。这个比重意味着，拼多多"进城"计划正在逐步实现。一旦拼多多全面入驻主流城市，它将成为一家与阿里巴巴、京东全方位竞争的电商平台。

不可否认，拼多多一系列的市场打法中，充分展示了其明确的方向性，而且在路径的设计上也相当有规律：路径清晰，目标性强。拼多多的成功突围，也给了社交电商创业者一个启示：当社交电商企业陷入竞争重围中时，突破的关键在于掌握了底层的逻辑之后，能够正确地去做正确的事；当一条道路从正向走不通时，应该试着从反向走一遍。